GRANDS TEXTES

sous la direction de Céline Thérien

Phèdre

D0841925

Racine

Notes, questionnaires et synthèses
adaptés par **Élisabeth ROUSSEAU**,
professeure au Collège André-Grasset

établis par **Anne AUTIQUET**,
agrégée de Lettres classiques,
professeure en I.U.F.M.

Texte conforme à l'édition des Grands Écrivains de France

Direction de l'édition
Isabelle Marquis

Direction de la production
Danielle Latendresse

Direction de la coordination
Rodolphe Courcy

Charge de projet
Sophie Lamontre

Révision linguistique
Nicole Lapierre-Vincent

Correction d'épreuves
Marie Théorêt

Conception et réalisation graphique
Interscript

Illustration de la couverture
Catherine Gauthier

Les Éditions CEC inc. remercient le gouvernement du Québec de l'aide financière accordée à l'édition de cet ouvrage par l'entremise du Programme de crédit d'impôt pour l'édition de livres, administré par la SODEC.

Phèdre, collection *Grands Textes*

© 2008, Les Éditions CEC inc.
8101, boul. Métropolitain Est
Anjou (Québec) H1J 1J9

Dépôt légal : 2008
Bibliothèque et Archives nationales du Québec
Bibliothèque et Archives Canada

ISBN 978-2-7617-2729-7

Imprimé au Canada
1 2 3 4 5   12 11 10 09 08

Imprimé sur papier contenant 100 % de fibres recyclées postconsommation.

Édition originale Bibliolycée
© Hachette Livre, 2002, 43 quai de Grenelle, 75905 Paris Cedex 15, France.
Tous droits de traduction, de reproduction et d'adaptation réservés pour tous pays.

Sommaire

Présentation 5

Racine, toujours actuel

Racine, sa vie, son œuvre 8
    L'éducation janséniste et l'ascension sociale 8
    Premiers succès et ruptures 9
    Réussite mondaine et littéraire 10
    L'ultime tragédie 11
    Poète officiel et éloignement du théâtre 12
    Les dernières années 12
Description de l'époque : la France du XVIIe siècle 14
    Quelques renseignements préliminaires 14
    Le contexte social 15
    Le contexte politique 17
    Les contextes religieux et idéologique 20
    L'art et la littérature 21
    Tableau des courants artistiques au XVIIe siècle 24
Présentation de la pièce 25
    Liens avec la description de l'époque 25
    Liens avec les courants artistiques et littéraires de l'époque 28
Racine en son temps 29
    Chronologie 30
Généalogie des personnages 34

Phèdre (texte intégral)

Préface 36
Personnages 40
Acte I 41
Acte II 63
Acte III 83
Acte IV 97
Acte V 115
Test de première lecture 132

L'étude de l'œuvre

Quelques notions de base 134
    Tableau des formes dramatiques au XVIIe siècle 139
L'étude de l'œuvre par acte en s'appuyant sur des extraits 141
L'étude de l'œuvre dans une démarche plus globale 159
Sujets d'analyse et de dissertation 164

Glossaire 165
Bibliographie, adaptation théâtrale, filmographie 167

Jean Racine et Mme de Maintenon, dessin de George Roux.

PRÉSENTATION

Aux yeux d'un lecteur actuel, quel intérêt peut présenter Phèdre, à la fois la pièce et le personnage?

Phèdre est une des grandes héroïnes de la littérature de tous les temps. Toute actrice aspire d'ailleurs à jouer Phèdre, comme tout acteur rêve d'incarner Macbeth ou Othello de Shakespeare, personnages qui ont en commun de fasciner par leur personnalité paradoxale, portés vers le sublime mais marqués par la malédiction. Plusieurs comédiennes ne sont-elles pas devenues des mythes, comme la célèbre Sarah Bernhardt, en illustrant ce destin tragique d'une femme qui se meurt d'amour et à qui, on le sait au point de départ, le bonheur est inaccessible?

La tragédie que vous allez lire rassemble des ingrédients d'une intense efficacité dramatique: adultère, jalousie, inceste, crime et brisure familiale. Phèdre, l'épouse du roi Thésée, est follement amoureuse d'Hippolyte, son beau-fils, tout en étant victime de la vengeance de la déesse Vénus qui fait éprouver à toutes les femmes de sa lignée des désirs interdits. Hippolyte lui-même est entraîné dans un amour illicite pour Aricie, princesse issue d'une famille ennemie du roi Thésée, son père. Quant au roi lui-même, il exerce sans discrimination son pouvoir sur son entourage, se montrant possessif et jaloux envers sa femme et intraitable envers son fils.

Le spectateur vit un effet d'identification multiple, puisque la plupart des personnages, même les plus troubles, suscitent sa sympathie: le noble et athlétique Hippolyte, désireux de plaire à son père et de l'égaler; Phèdre, la femme mûre surprise par la violence charnelle de sa passion pour son beau-fils; Aricie, l'orpheline qui paie le prix de son appartenance à une famille rivale; Œnone, la nourrice de Phèdre qui se sacrifie pour sauver la réputation de sa maîtresse; Thésée enfin qui, par son refus aveugle de faire face à la réalité, précipite le drame et provoque la mort sanglante de son fils.

Par son génie créateur, Racine donne de la finesse et de la profondeur psychologiques à une intrigue amoureuse qui se double aussi d'une intrigue politique, puisqu'il s'y greffe une question de transition du pouvoir. Quant à son sujet, il le puise à la source mythologique de l'Europe occidentale : l'anecdote grecque qui le fascine n'a rien de neuf, et pourtant, Racine parvient à lui insuffler encore plus de pertinence puisque, dans sa tragédie, le dramaturge immortalise des pulsions fondamentales : le désir et la mort, Éros et Thanatos. La famille de Thésée est l'héritière de la malédiction primitive des Dieux : le rapport houleux entre l'être humain et les forces divines s'incarne ici au sein même du tabou suprême qu'est l'inceste.

La pièce illustre finalement la très grande maîtrise de la forme tragique : l'équilibre parfaitement régulier du vers alexandrin évoque à la fois le faste de la cour de Louis XIV tout en présentant une harmonie proprement intemporelle, d'une grande puissance poétique. Ainsi, cette pièce, composée alors que Racine était au sommet de sa gloire, nous interpelle encore en faisant le portrait d'une famille au moment de son éclatement alors que la séduction la plonge dans le crime.

Phèdre : le titre bref de la pièce indique clairement que l'œuvre est centrée sur un personnage de femme autour de laquelle tourne toute l'intrigue. Cette tragédie explore une déchirure vive en la personne de la reine, tout autant victime que coupable, incapable de réfréner son désir impérieux. Phèdre est une femme incandescente, qui meurt tout en se consumant de trouble charnel alors qu'elle est rongée par la culpabilité et le sentiment de sa propre faiblesse.

Finalement *Phèdre*, la pièce, se présente aussi comme un mythe moderne sans cesse renouvelé, une tragédie des extrêmes qui nous entraîne à réfléchir sur le spectacle de la condition humaine.

Racine, toujours actuel

Jean Racine, gravure de George Vertue.

Racine, sa vie, son œuvre

Qu'importe-t-il de connaître de la vie de Racine pour mieux comprendre la place de l'écrivain à son époque et les influences qui s'exercent sur la pièce Phèdre, *composée en fin de carrière?*

Composée en 1676, la tragédie *Phèdre* est la clef de voûte de la carrière de Racine qui choisit ensuite de se détourner du théâtre auquel il a auparavant consacré quinze ans de sa vie. Examinons son parcours.

L'éducation janséniste et l'ascension sociale

Jean Racine naît en Picardie, au nord de la France, en 1639. Son père, appartenant à la moyenne bourgeoisie, meurt alors que le jeune Racine n'a que 3 ans et est déjà orphelin de mère. L'enfant est alors confié à ses grands-parents maternels. Sa grand-mère, devenue veuve, se retire avec lui en 1649 à l'abbaye de Port-Royal des Champs où sa fille Agnès est religieuse. Élève aux Petites Écoles de cette abbaye de 1649 à 1658, Racine y fait des études approfondies du français, du grec et du latin auprès de maîtres reconnus pour leur austérité autant que pour la qualité de leur enseignement. Les Solitaires de Port-Royal prônent une doctrine religieuse très pessimiste, mettant l'accent sur le fait que le Créateur élit parmi les croyants ceux qui auront accès au salut éternel après la mort. Les autres sont voués à la damnation. Cette doctrine, appelée jansénisme* (d'après le théologien Jansénius), se diffuse rapidement à l'époque et vaudra aux adeptes d'être accusés d'hérésie et menacés de persécution par le pape. Cette conception de la vie de même que l'excellente formation que Jean Racine reçoit de Port-Royal l'influencent profondément, ce qui se reflétera dans son œuvre littéraire. C'est ensuite à Paris qu'il poursuit des études en philosophie, envisageant peut-être la profession d'avocat, mais nourrissant déjà l'ambition d'une carrière dans les lettres.

Jansénisme

Mouvement religieux et intellectuel du XVIIe siècle s'inspirant de la doctrine de Jansénius sur la grâce et la prédestination.

Premiers succès et ruptures

En 1659, à vingt ans, Racine s'installe à Paris chez un cousin janséniste convaincu, qui occupe la charge d'intendant de la duchesse de Chevreuse, une dame de très haute lignée. Grâce à son cousin, il accède à la vie mondaine et littéraire des salons et exerce sa plume à composer des vers. Dans ces salons où les artistes côtoient la noblesse, Racine se lie avec Jean de La Fontaine et Charles Perrault, et publie en 1660 une ode pour célébrer le mariage du jeune roi Louis XIV, illustrant ainsi la nécessité pour les artistes de courtiser les Grands – et surtout le roi – s'ils aspirent à faire carrière. Il rédige à l'époque une première pièce de théâtre versifiée en cinq actes, *Amasie*, dont il ne reste aucune trace. Après une année passée en province chez un oncle chanoine dont il espère en vain obtenir un poste ecclésiastique, il revient à Paris en 1662 et se lie d'amitié avec Nicolas Boileau et Molière, obtient du roi des gratifications grâce aux odes élogieuses qu'il lui

*: Cf. Glossaire

a adressées. En 1664, Molière met en scène une pièce de Racine, *La Thébaïde ou les Frères ennemis*, qui obtient un succès mitigé, puis *Alexandre le Grand*, en 1665, qui remporte un vif succès. Mais les deux dramaturges se brouillent alors et Racine retire sa pièce sans préavis pour la faire jouer par les comédiens de l'Hôtel de Bourgogne, rivaux de la troupe de Molière. En 1666, un des maîtres jansénistes de sa jeunesse accuse le dramaturge d'être « un empoisonneur public, non des corps, mais des âmes », ce qui pousse Racine à couper ses liens avec Port-Royal. Cet épisode souligne le statut précaire de la littérature et de l'art, vus par l'Église comme sources de corruption, ce qui est encore plus marqué dans le cas du théâtre, qui est spectacle, donc de l'ordre du divertissement.

Réussite mondaine et littéraire

Dès lors, tant la réussite mondaine que le succès littéraire de Racine deviennent éclatants. Gratifié par le roi, introduit dans des cercles prestigieux proches du pouvoir, il connaît un véritable triomphe en 1667, avec sa tragédie *Andromaque*, où la comédienne Thérèse du Parc, devenue sa maîtresse après avoir quitté la troupe de Molière, joue le premier rôle. À la même époque, pourtant, l'écrivain est compromis dans une affaire de mœurs, et même soupçonné d'avoir empoisonné son amante.

Entre 1668 et 1677, Racine écrit et fait jouer avec succès huit tragédies, auxquelles il ajoute des préfaces destinées à établir son autorité littéraire. Deux tragédies (*Britannicus* [1669] et *Bérénice* [1670]) portant sur des sujets tirés de l'histoire de l'Empire romain le mettent ouvertement en rivalité avec le dramaturge Pierre Corneille qui exploite la même veine. Les deux pièces suivantes s'inspirent du Moyen-Orient, très à la mode à l'époque. Racine est élu à l'Académie française en 1673. Dans un siècle où la littérature doit se plier à des normes littéraires et linguistiques édictées par les institutions royales prédominantes dans les domaines de l'art et des sciences, être élu à cette assemblée marque le couronnement d'une carrière. Enfin, en 1674, il reçoit plusieurs charges qui témoignent de son crédit auprès du roi, et qui vont contribuer à faire de lui un homme riche et envié.

L'ultime tragédie

En 1677, Racine choisit pour *Phèdre et Hippolyte* (titre initial) un sujet fameux de la mythologie grecque, emprunté à Euripide. Sa tragédie fait l'objet d'une violente cabale où ses adversaires l'accusent de faire preuve d'immoralité en prêtant à Phèdre un désir adultère et incestueux, et préfèrent la version moins choquante de Jacques Pradon (portant le même titre), jouée simultanément, où Phèdre n'est que fiancée à Thésée. Les deux clans s'insultent mais le scandale finit par s'estomper, alors que la version de Racine gagne peu à peu le haut du pavé. Au sortir de cet incident, Racine et son confrère Boileau sont nommés historiographes du roi. *Phèdre* marque donc le sommet de son œuvre et sa charge d'historiographe, l'apothéose de sa carrière.

Poète officiel et éloignement du théâtre

Son nouveau poste donne à Racine une place presti-
gieuse à la cour, et sa tâche officielle va désormais
l'accaparer puisqu'il a pour mission de rédiger un ouvrage
définitif narrant le règne de Louis XIV et célébrant
sa grandeur. À la même période, l'écrivain a amorcé,
avec la préface de *Phèdre*, une réconciliation avec ses
anciens maîtres jansénistes et un retour à une pratique
religieuse plus assidue. En juin 1677, il épouse la riche
Catherine de Romanet qui lui donnera sept enfants.
Toutes ces raisons contribuent à expliquer son éloigne-
ment du théâtre durant les douze années subséquentes.

Les dernières années

Après un long silence, en 1689, à la demande de Madame
de Maintenon, l'épouse secrète du roi, Racine compose
un texte poétique à sujet biblique, *Esther*, chanté et
dansé devant le roi par les demoiselles fréquentant la
maison d'éducation de Saint-Cyr (œuvre de Madame
de Maintenon). Puis, en 1691, Racine écrit, toujours
pour les étudiantes de Saint-Cyr, *Athalie*, une tragédie
qui comportait des passages chantés. Ces deux pièces
connaissent autant de succès que les tragédies anté-
rieures de Racine. Anobli et mis au nombre des «gentils-
hommes ordinaires de la Chambre du roi» (il peut ainsi
entrer librement lors du petit lever de Louis XIV),
Racine se voit attribuer un appartement à Versailles.

Racine se consacre alors à sa famille et mène une vie pieuse et retirée, se rapprochant de Port-Royal par ses interventions en faveur des jansénistes persécutés. Il écrit en 1694 des *Cantiques spirituels* et travaille à un *Abrégé de l'histoire de Port-Royal*, resté inachevé, qui ne sera publié qu'après sa mort, survenue à Paris le 21 avril 1699. Il est enterré à Port-Royal des Champs selon son souhait. À la destruction de l'abbaye en 1711, ses cendres seront transférées à Paris, à l'église Saint-Étienne-du-Mont.

- Impressionnant parcours de réussite sociale, peu courant à l'époque, d'un bourgeois anobli par le roi en récompense pour ses œuvres littéraires.
- Prestige insurpassable de Racine qui s'impose comme une autorité en matière de tragédie et comme un grand poète de la scène ; il surclasse Corneille, son aîné et son rival, dans la faveur du roi.
- Rivalité entre Racine et deux incontournables écrivains classiques, Molière et Corneille. Victoire de Racine sur Corneille aux yeux du roi et de la cour ; rupture de ses liens avec Molière.
- Incarnation des valeurs de son époque, Racine est tiraillé entre son ambition et sa dévotion, entre son désir de réussir et celui d'assurer son salut éternel (ce qui l'amène notamment à trahir ses éducateurs jansénistes pour ensuite se réconcilier avec eux).
- Illustration du statut précaire de l'écrivain à une époque où il faut courtiser les Grands et tenir éloignée toute forme d'esprit critique, Racine s'assure de la protection royale pour gravir les échelons de la réussite sociale.

À retenir

Description de l'époque : la France du XVIIe siècle

> Qu'importe-t-il de connaître de la France du XVIIe siècle pour mieux comprendre le contexte dans lequel la pièce a été écrite ?

Quelques renseignements préliminaires

L'œuvre de Jean Racine apparaît à une époque qui diffère de notre monde actuel. La France est au XVIIe siècle le pays le plus peuplé d'Europe (comptant autour de vingt millions d'habitants, et ce, sur un territoire quatre fois plus petit que le Québec actuel).

En plus de cette densité de population, beaucoup de traits de la France de Louis XIV méritent d'être soulignés comme très distincts de notre société contemporaine. Le pays est alors une monarchie où le roi exerce un pouvoir absolu, sans aucune forme de démocratie ou d'opposition, et la notion même de droits de la personne n'a pas encore vu le jour. Les femmes n'ont pas accès au pouvoir et sont considérées comme inférieures aux hommes ; cette inégalité s'applique également entre les différentes classes sociales dans cette société très hiérarchisée, où la place de chacun est rigoureusement définie. Ainsi, si l'on naît dans la bourgeoisie, il est presque impossible de changer de classe sociale. Les biens des pères sont légués aux fils, et les filles sont données en mariage, souvent pour sceller des ententes entre des familles. Les hommes n'exercent pas de droit de vote et la justice n'est pas la même pour tous dans un pays où règne souvent l'arbitraire et où les Français, qui ne deviendront des citoyens qu'à la faveur de la Révolution qui viendra 150 ans plus tard, sont d'abord et avant tout des sujets du roi.

Le contexte social

La société de l'Ancien Régime, c'est-à-dire telle qu'elle existe avant la Révolution française qui y mettra fin en 1789, est structurée très différemment de la nôtre. Pour la comprendre, on peut penser à la société féodale, née durant le Moyen Âge, puisque les deux systèmes partagent plusieurs traits. La population se divise alors en trois groupes ou classes sociales qui occupent des fonctions complémentaires : le peuple (ceux qui travaillent), la noblesse (ceux qui se battent) et le clergé (ceux qui prient). Les trois groupes ne sont pas égaux, puisque le peuple, qui constitue pourtant 95 % de la population, ne possède aucun privilège, doit payer des impôts et est soumis au pouvoir des deux autres classes. Le peuple, ou tiers état, regroupe une grande variété de sous-groupes, des paysans illettrés et vivant très précairement de leurs récoltes sur les terres que les nobles leur prêtent, jusqu'aux bourgeois (marchands, artisans, médecins, par exemple). Les membres du clergé ont pour fonction d'exercer le pouvoir spirituel et de prier pour le salut de tous. Quant aux nobles, si leur rôle était au Moyen Âge d'assurer la protection de tous grâce au port des armes, ils continuent d'exercer une partie du pouvoir dit «temporel» puisqu'ils jouissent de nombreuses libertés sur leurs domaines, notamment celle de prélever des taxes et impôts et d'administrer la justice. Ainsi, la grande majorité de la population est formée de la classe la plus précaire et la moins considérée, le peuple : analphabète, mal nourri, au premier rang des victimes des famines et épidémies qui balaient périodiquement le pays.

Si cette société a très peu changé du Xe au XVIIe siècle, le principal agent qui la fera évoluer puis éclater est la bourgeoisie. Faisant à l'origine partie du peuple, cette classe sociale très diversifiée (formée des commerçants, artisans, notables et membres des professions libérales) connaît une expansion appréciable à partir de la Renaissance. Certains bourgeois, ayant à cœur l'éthique du travail et l'ambition qui fait parfois défaut au sein des milieux nobles plus aisés, gagnent de l'influence et en viendront à contester l'autorité traditionnelle exercée par l'aristocratie héréditaire. Soulignons que plusieurs des ministres de Louis XIV sont d'origine bourgeoise.

La noblesse constitue l'élite dirigeante et, de ce fait, représente l'idéal moral et social à imiter, ce qui est visible dans les œuvres artistiques et littéraires. Même les bourgeois les plus riches aspirent à être anoblis pour disposer d'un statut à part. Les nobles forment la majeure partie du public lecteur et spectateur, de par leur instruction. Les artistes tirent leur revenu de la protection et des cachets que leur accordent les nobles et le plus grand protecteur des arts, le roi lui-même. Cela place les artistes dans une position de dépendance à l'égard de leurs bienfaiteurs, et influence le contenu des œuvres.

Le contexte politique

L'œuvre de Racine est en grande partie écrite entre 1665 et 1680, juste au moment où s'affirme la monarchie absolue de Louis XIV, né un an avant lui, et qui commence à gouverner en personne en 1661, après la mort du ministre Mazarin. Toutes les pièces de Racine sont jouées à la cour, les dernières commandées par Madame de Maintenon, et sa carrière d'historiographe confondue avec les dernières actions du roi dont il suivra les campagnes militaires : c'est dire que Racine, contemporain de Louis XIV, est proche de ce souverain. Or, Louis XIV inaugure alors un pouvoir personnel fort, et continue la concentration des pouvoirs commencée sous le règne de son père, Louis XIII, par le ministre de celui-ci, Richelieu. Donnant une orientation nationale au catholicisme, Louis XIV s'attaque au protestantisme (révocation de l'Édit de Nantes en 1685) et au jansénisme. Il asservit la noblesse en l'entraînant dans ses guerres de conquête ou en l'installant à la cour où il organise un véritable culte de sa personne. Il fait tout pour souligner le caractère divin de sa monarchie absolue, et attend de ses sujets une obéissance semblable à celle qu'ils doivent à Dieu. Rappelons qu'à l'époque, en France, un roi est le représentant de Dieu sur terre, et aucune institution n'existe pour limiter son pouvoir, ni pour le démettre, ni pour exercer une forme d'« opposition officielle ». Seule sa mort met fin à son règne et le pouvoir est alors transmis au plus proche héritier mâle.

Il faut également rappeler dans quel contexte Louis XIV entreprend une telle réorganisation de la manière traditionnelle de gouverner. À son accession au pouvoir, en 1643, il est âgé de cinq ans et n'assume qu'une fonction symbolique; c'est sa mère, Anne d'Autriche, secondée par son ministre, le cardinal de Mazarin, qui tient véritablement les rênes du pouvoir. Au cours de cette régence, de violents troubles surviennent alors que de nombreux grands seigneurs complotent afin d'écarter la régente et son entourage. Cette révolte des grands nobles, baptisée «la Fronde» (c'est-à-dire l'insurrection), dura près de cinq ans, jusqu'à la majorité de Louis XIV. Lorsqu'il parvient à dominer complètement, par les armes, ses ennemis, Louis XIV se promet de ne plus jamais revivre une telle guerre intestine ni une menace aussi imminente. Son système de gouvernement est en quelque sorte une réponse tardive aux affronts subis durant la Fronde: il oblige les nobles à vivre dans une prison dorée, à Versailles, loin de leurs terres et de leur pouvoir, et les place dans une rivalité constante, à savoir qui gagnera les faveurs du roi. Et pour achever de les écarter du pouvoir réel, il choisit ses proches collaborateurs dans la bourgeoisie plutôt que dans la haute noblesse. Ces ministres issus de la bourgeoisie lui permettront, par leur efficacité, d'assurer le maintien de la monarchie absolue.

Enfin, établissant une autorité incontestée dans le cadre d'un système social rigide, Louis XIV incarne à tout jamais le symbole de la monarchie absolue. Il veillera à entourer son règne autocratique d'un rayonnement culturel considérable et peut s'appuyer en cela sur les surplus dus à une période d'expansion économique et militaire.

Racine faisant la lecture à Louis XIV, gravure de Charon.

Les contextes religieux et idéologique

Depuis la Renaissance qui a vu naître la Réforme religieuse et le protestantisme de Luther et de Calvin, l'Europe est secouée par de violents conflits entre les catholiques et les réformés (que l'on appelle huguenots ou protestants). La France est particulièrement touchée par les guerres de religion puisque le protestantisme y a connu une très grande popularité. La famille royale est néanmoins demeurée fidèle à la religion de Rome et la France tient chèrement à son statut de «fille aînée de l'Église». Mais les troubles frappent en haut lieu: Henri IV, le grand-père de Louis XIV, a lui-même été assassiné en 1610. Par la révocation de l'Édit de Nantes qui permettait la liberté religieuse, Louis XIV envoie un message clair: les huguenots ne sont plus chez eux en France; ce geste entraîne de nombreux massacres de protestants qui refusent de se convertir. Louis XIV le fait au nom de l'unité nationale et religieuse, selon son mot d'ordre: *Un roi, une loi, une foi.*

Confrontées à la Réforme, plusieurs factions catholiques veulent afficher une attitude sévère et parfois excessive afin de combattre l'immoralité. Nommons, par exemple, la compagnie du Saint-Sacrement, une société religieuse ayant pour mission de lutter contre l'impiété. Pour lutter à armes égales contre l'attrait du protestantisme, d'autres doctrines voient le jour comme le jansénisme auquel adhèrent plusieurs intellectuels, notamment Blaise Pascal et

Jean Racine ; cette doctrine prône un puritanisme rigoureux et pessimiste.

Par réaction à ce désir de rigueur et d'austérité, un courant de libéralisation des mœurs se constitue, prolongeant la morale sensuelle héritée de l'humanisme de la Renaissance. Les libertins ont une attitude critique face à toute autorité, royale ou divine, et posent les bases de ce qui deviendra l'attitude matérialiste et pragmatique du siècle des Lumières. Bien entendu, ces débats d'idées à caractère philosophique sont le fait de l'élite scolarisée et ne touchent aucunement la majorité de la population, qui demeure plutôt soumise à l'autorité du clergé traditionnel.

L'art et la littérature

Deux courants artistiques s'affirment simultanément au XVIIe siècle. Le baroque* exerce son influence partout en Europe et marque l'art français plus particulièrement sous le règne de Louis XIII, au début du siècle. Le classicisme domine nettement sous le règne de Louis XIV dans la deuxième moitié du siècle. Ces deux esthétiques s'illustrent autant en littérature que dans les autres arts (musique, peinture, architecture, notamment). Louis XIV, par une politique culturelle très énergique, favorise clairement les artistes appartenant au courant classique, leur attribuant des pensions, remplissant leurs carnets de commande pour s'entourer des œuvres le plus à même de faire briller son règne de mille feux. Ainsi, pour n'en nommer que quelques-uns, Jean-Baptiste Lully en musique, Jules Hardouin-Mansart en architecture, Nicolas Poussin en peinture sont-ils les artistes dominant cette époque et

Baroque

Du portugais *barroco*, « perle irrégulière ». Mouvement littéraire et artistique européen, apparu au XVIe siècle en Italie, à son apogée au XVIIe siècle, et caractérisé par la liberté des formes, le goût pour le mouvement, l'apparence et la profusion des ornements.

* : *Cf. Glossaire*

Règle (des trois unités)

Principe d'unité d'une pièce classique se déclinant en trois règles : l'unité d'action (qui concentre l'action sur l'intrigue principale), l'unité de temps (qui resserre les faits dans les limites de 24 heures), l'unité de lieu (qui installe l'action dans un espace unique et polyvalent).

Bienséance

Usages à respecter, dans une pièce classique, pour ne pas heurter les goûts et les préjugés du public, en évitant paroles, situations et idées qui peuvent choquer.

qui donneront leurs couleurs au « goût français », très en vogue par la suite.

Contrairement à la vision baroque qui met l'accent sur le caractère changeant, instable, évanescent de la réalité, et qui privilégie des images comme la métamorphose, le trompe-l'œil, la vision classique prétend décrire la nature humaine dans ce qu'elle a d'universel et de permanent. Elle dresse une typologie des tempéraments et des caractères, enseignant au spectateur le comportement à suivre et les actions à proscrire. Pour ce faire, elle emprunte un langage épuré et se donne des règles* de composition où la clarté doit l'emporter sur le spectaculaire. L'ordre établi, s'il est perturbé, ne l'est que momentanément et l'harmonie, l'unité finissent par triompher du chaos. Les œuvres classiques cherchent à instruire et à plaire, et moins à divertir. Elles tiennent les conventions et les règles, comme le respect de la bienséance*, en haute estime et s'y conforment.

Les institutions comme l'Académie française jouent un grand rôle dans la domination du goût classique. Les écrivains cherchent plus à plaire à un public cultivé et spécialisé qu'à connaître un succès populaire. Cependant, le théâtre étant un divertissement fort couru par un public appartenant à toutes les couches de la société, les dramaturges classiques y rejoignent un auditoire mixte et contribuent à rendre assez populaire la tragédie, qui est cependant un genre très codifié et rigoureux (pièce en cinq actes, en alexandrins et répondant à toute une série de contraintes pour ce qui est de l'intrigue).

* : Cf. Glossaire

- *Le contexte social :* le système social de la France du XVIIe siècle, hérité de la féodalité, est fondé sur la hiérarchie des classes sociales et la domination du peuple par le clergé et la noblesse. La bourgeoisie commence cependant à s'affirmer.

- *Le contexte politique :* la monarchie absolue de Louis XIV, servant à asseoir une autorité personnelle incontestée, s'établit dans un contexte où l'aristocratie perd réellement du pouvoir au profit du roi.

- *Les contextes religieux et idéologique :* en réaction à la Réforme protestante du siècle précédent, le catholicisme se renouvelle et voit naître diverses doctrines, dont le jansénisme, une vision centrée sur le péché et la damnation, qui sera plus tard condamné comme une hérésie.

- *L'art et la littérature :* deux courants coexistent au XVIIe siècle, le baroque et le classicisme, et s'opposent l'un à l'autre. L'esthétique classique, axée sur l'harmonie, la raison et l'universalité, finit par supplanter en France le baroque, qui décrit plutôt la nature humaine dans ses aspects changeants et contradictoires.

À retenir

Tableau des courants artistiques au XVIIᵉ siècle

Courant baroque	Courant classique
• Influence dominante au début du XVIIᵉ siècle, dans toute l'Europe.	• Influence dominante en France sous le règne de Louis XIV.
• Héros* inconstants, déchirés, susceptibles de se déguiser ou de se métamorphoser en cours d'action, qui adhèrent aux valeurs chevaleresques, qui ont le goût de l'héroïsme et qui cultivent l'ambiguïté.	• Héros qui calquent leurs valeurs sur celles de l'honnête homme, toujours dans la juste mesure, entre honneur et devoir. De rang élevé dans la tragédie, d'origine bourgeoise dans la comédie.
• Mélange des genres, le tragique se mêlant au comique (la tragicomédie) dans le but de traduire le malaise de l'être humain devant un monde en bouleversement. Foisonnement des anecdotes.	• Séparation des genres et respect des contraintes de composition, notamment la règle des trois unités, celles de lieu (un seul lieu), de temps (une journée) et d'action (une ligne directrice), pour traduire une impression de stabilité, celle de la monarchie absolue.
• Virtuosité stylistique, prolifération des figures de style et tendance au langage précieux*, orné. Intensité dans l'expression des sentiments, goût pour tout ce qui est excessif.	• Sobriété dans l'expression des sentiments, qui doivent demeurer dans les limites de la bienséance, c'est-à-dire de la décence morale. Style épuré, clarté et précision du lexique.
• Prédilection pour les effets de mise en scène, pour les changements de décor, pour les pièces à machines.	• Mise en scène solennelle qui met l'accent sur le caractère cérémoniel de la représentation, dans le but de servir la gloire du roi.
• But par rapport au spectateur : créer un effet de surprise, l'impressionner.	• Désir de plaire au spectateur pour mieux l'instruire des valeurs et des comportements socialement souhaitables.

* : *Cf.* Glossaire

Présentation de la pièce

En quoi les connaissances sur la société de l'époque peuvent-elles m'aider à comprendre la pièce ?

Comme la plupart des tragédies classiques, cette pièce ne décrit pas directement l'actualité du Grand Siècle puisqu'elle est déjà considérée comme une pièce d'époque aux yeux des spectateurs contemporains de Racine, le cadre de l'intrigue étant la Grèce antique. Mais c'est à partir du XVIIe siècle que le dramaturge jette un regard sur l'Antiquité grecque, et il importe de dégager ce qui, dans ce regard, relève du filtre subjectif, et ce qui appartient davantage au mythe grec.

Liens avec la description de l'époque

Contexte historique : si la tragédie porte sur un sujet antique, c'est par tradition littéraire. Au XVIIe siècle, les écrivains révèrent les Anciens, qu'ils considèrent comme ayant créé des œuvres d'une qualité inégalée. En outre, avant le XIXe siècle, les artistes n'accordent pas la même importance que nous à la notion d'originalité et puisent avec enthousiasme leur inspiration dans les grandes œuvres du passé. La culture humaniste commune propose aux gens de lettres d'illustres modèles qu'il leur faut d'abord imiter avant de trouver leur propre voix. Le terme d'« invention » vient du latin *inventio* qui signifie faire le relevé de ce qui a été écrit. Les auteurs accordent une aussi grande importance à la manière dont ils vont réorganiser les histoires et au style personnel qu'ils vont y insuffler. Situer l'intrigue dans la Grèce antique permet également de donner à la description des caractères une dimension universelle et intemporelle.

Contexte politique : dans un contexte d'absolutisme politique, la pièce peut être vue comme une allégorie* de la puissance paternelle ou royale, ici représentée par Thésée. Le pouvoir royal s'exerce directement, par la punition ou par la récompense, selon le bon vouloir du monarque. L'absence du roi et même ici l'annonce prématurée de sa mort engendrent des conséquences multiples, parmi lesquelles l'aveu de Phèdre à sa confidente Œnone, ce qui est à la source même du drame. Les personnages sont toujours soumis aux règles du pouvoir absolu mais en viennent à envisager la suite des choses hors des interdits promulgués par Thésée. En plus de la question des affaires du royaume, Thésée occupe une position centrale dans l'organisation du désir des personnages. Il est l'obstacle principal au désir de Phèdre pour son beau-fils, et cette situation rend encore plus odieux ce désir en lui donnant un caractère incestueux. Il s'appuie aussi sur ses prérogatives royales pour interdire le mariage de son fils à Aricie, qui est la fille d'une famille ennemie.

Contexte social : les tragédies sont le reflet d'une société fortement hiérarchisée où seuls les Grands du royaume sont dignes d'intérêt, ce qui explique que tous les héros de la tragédie soient issus de la caste dirigeante, sinon de la famille royale elle-même. L'entourage de chaque protagoniste* se réduit généralement à un seul domestique dont le rôle est nettement défini, soit de tenir lieu de confident*. Ces personnages n'ont droit à l'existence sur scène que pour mettre en valeur leurs

Allégorie

Description ou récit exprimant une idée générale ou abstraite par le biais de métaphores.

Protagoniste

Personnage principal d'une pièce de théâtre ou, par extension, d'un récit.

Confident

Personnage secondaire dont l'utilité dramatique se résume à dialoguer avec le héros et à en recevoir les confidences.

* : *Cf. Glossaire*

vis-à-vis d'ascendance noble, posant des questions et recueillant leurs confidences. Ils n'ont pas de profondeur psychologique, sauf en de rares occasions (comme pour Œnone et Théramène). Ils servent de caution réaliste puisqu'ils vont et viennent hors de scène pour transmettre des nouvelles et des informations, permettant à l'action d'avancer et de ne pas être captive des contraintes associées à l'unité de lieu. Le portrait qu'on fait d'eux ne donne aucune place à une analyse des rapports de classe, puisque cette conception de la société (la séparation en classes) est à l'époque une aberration : le peuple est pour la noblesse une entité dont elle ne se soucie pas du tout. Toutefois, aux yeux d'un lecteur moderne, ce rapport de sujétion est nettement perceptible dans la relation qui existe entre Œnone et Phèdre; cette dernière fera de sa confidente le bouc émissaire de ses méfaits. Œnone n'a alors d'autre choix que de disparaître.

Contexte religieux et idéologique : même si, de par leur ancrage dans l'Antiquité, les personnages invoquent les dieux de l'Olympe, le rapport qu'ils entretiennent avec le divin est tout à fait représentatif de la problématique religieuse du catholicisme d'après la Réforme protestante. En effet, *Phèdre* est la tragédie qui incarne le mieux la vision du monde janséniste revendiquée par Jean Racine. Au XVIIe siècle, le catholicisme est plongé dans de longs et complexes débats sur la question du péché, du salut et du pardon (la « grâce » de Dieu), et de la place de la liberté humaine. Le pouvoir discrétionnaire des divinités sur les humains illustre dans la pièce cette théorie selon laquelle Dieu n'élit que quelques-unes de ses créatures en excluant les autres, quels que soient leurs mérites. Phèdre semble déterminée d'avance à être damnée : quoi qu'elle fasse, aussi éperdument qu'elle se démène, il lui est impossible de détourner la vengeance de Vénus. La vision janséniste explique en bonne partie l'insistance sur les faiblesses humaines, sur l'obsession du péché et de la pureté, sur l'angoisse de la mort qui traversent le texte.

Liens avec les courants artistiques et littéraires de l'époque

Contexte esthétique : au cœur d'une virulente querelle, orchestrée par les adversaires de Jean Racine, *Phèdre* pose clairement la question de la bienséance. N'oublions pas qu'à l'époque, les ennemis de Racine l'ont accusé d'immoralité. Alors que le théâtre baroque misait sur les effets spectaculaires (machines scéniques, combats, meurtres voire viols représentés sur scène), le théâtre classique cherche à épurer les intrigues pour mettre l'accent sur la psychologie et l'enseignement moral plutôt que sur le divertissement. La pièce de Racine, bien que traitant du désir charnel et racontant la mort sanglante d'Hippolyte de même que le suicide de Phèdre, respecte scrupuleusement les règles de la bienséance et intègre ces événements à l'aide de récits qui rapportent des événements se déroulant hors scène. Tout ce qui a rapport au corps (tant à la physiologie qu'à la sensualité) demeure également non représenté malgré les propos de Phèdre touchant au désir physique, discours atténué grâce à un langage châtié et épuré.

Racine en son temps

	Vie et œuvre de Racine	Événements historiques	Événements culturels et scientifiques
1610		Assassinat d'Henri IV. (⇨17) Régence de Marie de Médicis.	Apogée de la peinture baroque flamande : Rubens, *Adoration des mages*.
1617		(⇨43) Règne de Louis XIII, le Juste.	
1624		(⇨42) Richelieu nommé ministre de Louis XIII.	
1635		La France s'engage dans la guerre de Trente Ans.	Création de l'Académie française.
1636			Corneille, *Le Cid*. Triomphe de cette pièce.
1637			Développement du rationalisme français : Descartes, *Discours de la méthode*.
1638			Naissance de Louis XIV. Mort de Jansénius.
1639	Naissance de Jean Racine à La Ferté-Milon.		
1642		Fondation de Montréal. Mort de Richelieu.	Début du classicisme chez les peintres français : Le Brun, Poussin et Le Lorrain. (⇨87) Développement des sciences mathématiques : invention de la machine à calculer par Pascal.
1643	Orphelin, le jeune Racine est recueilli par sa grand-mère.	Mort de Louis XIII. (⇨61) Régence d'Anne d'Autriche et ministère de Mazarin.	
1648		Fin de la Guerre de Trente Ans. Début de la Fronde des Parlementaires, puis, en 1650, de la Fronde des Grands (⇨52).	

	Vie et œuvre de Racine	Événements historiques	Événements culturels et scientifiques
1649	Élève aux Petites Écoles de Port-Royal (⇒ 1658). Étudie le latin et le grec.		
1653			Condamnation du jansénisme comme hérésie par le pape.
1655	Élève au Collège de Beauvais.		Blaise Pascal à Port-Royal.
1658	Philosophie au Collège d'Harcourt (Paris).		
1659	Introduit dans les milieux littéraires à Paris par son cousin Nicolas Vitart, intendant de la duchesse de Chevreuse.		Molière, *Les Précieuses ridicules*.
1660	*Ode sur la Nymphe de la Seine*, en l'honneur du mariage du roi.		Pascal, *Pensées* (⇒ 62). Louis XIV fait brûler *Les Provinciales* de Pascal.
1661	Séjour à Uzès chez son oncle chanoine : n'obtient pas la charge ecclésiastique espérée.	(⇒ 1715) Règne de Louis XIV, Roi-Soleil. Mort de Mazarin.	Début des travaux du palais de Versailles.
1662			Mort de Blaise Pascal. Molière, *L'École des femmes*.
1663	Retour à Paris. Deux odes lui valent une pension du roi.		
1664	*La Thébaïde ou les frères ennemis*, première pièce de Racine jouée par la troupe de Molière.		Molière, *Tartuffe* (interdit).

	Vie et œuvre de Racine	Événements historiques	Événements culturels et scientifiques
1665	*Alexandre le Grand*, jouée par Molière et les comédiens de l'Hôtel de Bourgogne. Brouille avec Molière. Liaison avec Thérèse du Parc.	Peste de Londres.	Molière, *Dom Juan*. La Rochefoucauld, *Les Maximes*.
1667	Triomphe d'*Andromaque*.		Milton, *Le Paradis perdu*.
1668	*Les Plaideurs* (comédie). Mort de Thérèse du Parc.	Traité de paix d'Aix-la-Chapelle (fin de la guerre de Dévolution) : la France annexe la Flandre.	La Fontaine, *Fables*.
1669	*Britannicus*.		
1670	*Bérénice* (avec la Champmeslé, sa nouvelle maîtresse). Rivalité avec Corneille.		Corneille, *Tite et Bérénice*.
1672	*Bajazet*.		Molière, *Les Femmes savantes*.
1673	*Mithridate*. Élection à l'Académie française.		Création de l'Académie d'architecture. Premier opéra de Lully. Molière, *Le Malade imaginaire*. Mort de Molière.
1674	*Iphigénie*.		Boileau, *L'Art poétique*. Dernière tragédie de Corneille, *Suréna*.
1677	*Phèdre*. Cabale de *Phèdre*. Mariage avec Catherine de Romanet (7 enfants). Nomination à la charge d'historiographe du roi avec Boileau. Arrêt du théâtre.		

	Vie et œuvre de Racine	Événements historiques	Événements culturels et scientifiques
1678		Apogée du règne de Louis XIV.	Mme de la Fayette, *La Princesse de Clèves*.
1679	*Bellérophon*, opéra en collaboration avec Boileau et Thomas Corneille.	« L'affaire des Poisons » : Racine est soupçonné d'avoir empoisonné sa maîtresse, la Du Parc.	Newton, *Loi de l'attraction et de la gravitation universelles*.
1682		Installation définitive de la Cour à Versailles.	
1684	*Idylle sur la paix* (poème).	Mariage secret de Louis XIV et de Mme de Maintenon.	Mort de Pierre Corneille.
1685	Se réconcilie avec les jansénistes. Prononce un discours en l'honneur de Pierre Corneille à l'occasion de l'entrée de son fils Thomas à l'Académie française.	Révocation de l'Édit de Nantes par Louis XIV (retour des persécutions contre les protestants).	
1689	*Esther*, pièce biblique commandée par Mme de Maintenon. Nommé « gentilhomme ordinaire de la chambre du roi ».		
1691	*Athalie*, seconde pièce biblique.		
1694-1695	*Cantiques spirituels*. Rédaction de l'*Abrégé de l'histoire de Port-Royal* (publié en 1742).	Fin des travaux à Versailles sous Louis XIV.	
1699	Mort de Racine. Inhumation à Port-Royal.		Fénelon, *Télémaque*. Perreault, *Contes*.
1709	Restes de Racine et de Pascal transférés à Paris.	Destruction du monastère de Port-Royal.	
1715		Mort de Louis XIV.	

Généalogie des personnages

La Terre (Gaïa)

Érechthée, roi et fondateur d'Athènes

Pandion II

adopte → Égée, roi d'Athènes

engendre → Pallante

Les Pallantides et Aricie

Zeus (Jupiter) — Europe

Le Soleil (Hélios)

Pitthée, roi de Trézène

Éthra

Minos, roi de Crète

Pasiphaé — Taureau

Le Minotaure (monstre du Labyrinthe)

Ariane (séduite et abandonnée par Thésée)

Phèdre

Thésée

Antiope

Hippolyte (fils de Thésée et d'Antiope)

Acamas et Démophon (fils de Thésée et de Phèdre)

enfants directs

mariage ou union

descendance

34

Phèdre

Racine

Préface

Voici encore une tragédie dont le sujet est pris d'Euripide[1]. Quoique j'aie suivi une route un peu différente de celle de cet auteur pour la conduite de l'action, je n'ai pas laissé[2] d'enrichir ma pièce de tout ce qui m'a paru le plus éclatant dans la sienne. Quand je ne lui devrais que la seule idée du caractère de Phèdre, je pourrais dire que je lui dois ce que j'ai peut-être mis de plus raisonnable sur le théâtre. Je ne suis point étonné que ce caractère ait eu un succès si heureux du temps d'Euripide, et qu'il ait encore si bien réussi dans notre siècle, puisqu'il a toutes les qualités qu'Aristote[3] demande dans le héros de la tragédie, et qui sont propres à exciter la compassion et la terreur. En effet, Phèdre n'est ni tout à fait coupable, ni tout à fait innocente. Elle est engagée, par sa destinée et par la colère des dieux[4], dans une passion illégitime, dont elle a horreur toute la première. Elle fait

notes

1. Euripide : poète tragique grec (480-406 av. J.-C.).
2. je n'ai pas laissé : je n'ai pas manqué.

3. Aristote : philosophe grec du IVe s. av. J.-C. qui a défini dans la *Poétique* les sentiments que doit susciter

une tragédie : la terreur et la pitié.
4. la colère des dieux : celle de Vénus, déesse de l'Amour.

36

tous ses efforts pour la surmonter. Elle aime mieux se laisser mourir que de la déclarer à personne, et lorsqu'elle est forcée de la découvrir, elle en parle avec une confusion qui fait bien voir que son crime est plutôt une punition des dieux qu'un mouvement de sa volonté.

J'ai même pris soin de la rendre un peu moins odieuse qu'elle n'est dans les tragédies des Anciens[1], où elle se résout d'elle-même à accuser Hippolyte. J'ai cru que la calomnie avait quelque chose de trop bas et de trop noir pour la mettre dans la bouche d'une princesse qui a d'ailleurs des sentiments si nobles et si vertueux. Cette bassesse m'a paru plus convenable à une nourrice, qui pouvait avoir des inclinations plus serviles[2], et qui néanmoins n'entreprend cette fausse accusation que pour sauver la vie et l'honneur de sa maîtresse. Phèdre n'y donne les mains que parce qu'elle est dans une agitation d'esprit qui la met hors d'elle-même, et elle vient un moment après dans le dessein de justifier l'innocence et de déclarer la vérité.

Hippolyte est accusé, dans Euripide et dans Sénèque, d'avoir en effet violé sa belle-mère : *Vim corpus tulit*[3]. Mais il n'est ici accusé que d'en avoir eu le dessein. J'ai voulu épargner à Thésée une confusion qui l'aurait pu rendre moins agréable aux spectateurs.

Pour ce qui est du personnage d'Hippolyte, j'avais remarqué dans les Anciens qu'on reprochait à Euripide de l'avoir représenté comme un philosophe exempt de toute imperfection ; ce qui faisait que la mort de ce jeune prince causait beaucoup plus d'indignation que de pitié. J'ai cru lui devoir donner quelque faiblesse qui le rendrait un peu coupable envers son père, sans pourtant lui rien ôter de cette grandeur d'âme avec laquelle il épargne l'honneur de Phèdre, et se laisse opprimer sans l'accuser.

notes

1. **Anciens :** auteurs de tragédies antiques, en l'occurrence Euripide et le poète et philosophe latin

Sénèque (4 av. J.-C.-65 ap. J.-C.), auteur d'une *Phèdre*.
2. **serviles :** propres à un esclave.

3. ***Vim corpus tulit* :** « Mon corps a subi sa violence », citation extraite de *Phèdre* de Sénèque.

J'appelle faiblesse la passion qu'il ressent malgré lui pour Aricie, qui est la fille et la sœur des ennemis mortels de son père.

Cette Aricie n'est point un personnage de mon invention. Virgile[1] dit qu'Hippolyte l'épousa, et en eut un fils, après qu'Esculape[2] l'eut ressuscité. Et j'ai lu encore dans quelques auteurs qu'Hippolyte avait épousé et emmené en Italie une jeune Athénienne de grande naissance, qui s'appelait Aricie, et qui avait donné son nom à une petite ville d'Italie.

Je rapporte ces autorités, parce que je me suis très scrupuleusement attaché à suivre la fable[3]. J'ai même suivi l'histoire de Thésée, telle qu'elle est dans Plutarque[4].

C'est dans cet historien que j'ai trouvé que ce qui avait donné occasion de croire que Thésée fût descendu dans les Enfers pour enlever Proserpine[5] était un voyage que ce prince avait fait en Épire[6] vers la source de l'Achéron[7], chez un roi dont Pirithoüs[8] voulait enlever la femme, et qui arrêta[9] Thésée prisonnier, après avoir fait mourir Pirithoüs. Ainsi j'ai tâché de conserver la vraisemblance de l'histoire, sans rien perdre des ornements de la fable, qui fournit extrêmement à la poésie ; et le bruit de la mort de Thésée, fondé sur ce voyage fabuleux, donne lieu à Phèdre de faire une déclaration d'amour, qui devient une des principales causes de son malheur, et qu'elle n'aurait jamais osé faire tant qu'elle aurait cru que son mari était vivant.

Au reste, je n'ose encore assurer que cette pièce soit en effet la meilleure de mes tragédies. Je laisse aux lecteurs et au temps à décider de son véritable prix. Ce que je puis assurer, c'est que je

notes

1. Virgile : poète latin (70-19 av. J.-C.) ; voir l'*Énéide*, chant 7, v. 761-762).

2. Esculape : dieu de la Médecine chez les Romains.

3. la fable : le récit mythologique.

4. Plutarque : historien grec des Ier et IIe s. ap. J.-C.

5. Proserpine : épouse de Pluton, dieu des Morts.

6. Épire : région de la péninsule des Balkans où les Grecs situaient les Enfers.

7. Achéron : fleuve d'Épire, l'un des quatre fleuves des Enfers.

8. Pirithoüs : ami et compagnon d'aventures de Thésée.

9. arrêta : retint.

n'en ai point fait où la vertu soit plus mise en jour[1] que dans celle-ci. Les moindres fautes y sont sévèrement punies ; la seule pensée du crime y est regardée avec autant d'horreur que le crime même ; les faiblesses de l'amour y passent pour de vraies faiblesses ; les passions n'y sont présentées aux yeux que pour montrer tout le désordre dont elles sont cause ; et le vice y est peint partout avec des couleurs qui en font connaître et haïr la difformité. C'est là proprement le but que tout homme qui travaille pour le public doit se proposer, et c'est ce que les premiers poètes tragiques avaient en vue sur toute chose[2]. Leur théâtre était une école où la vertu n'était pas moins bien enseignée que dans les écoles des philosophes. Aussi Aristote a bien voulu donner des règles du poème dramatique, et Socrate[3], le plus sage des philosophes, ne dédaignait pas de mettre la main aux tragédies d'Euripide. Il serait à souhaiter que nos ouvrages fussent aussi solides et aussi pleins d'utiles instructions que ceux de ces poètes. Ce serait peut-être un moyen de réconcilier la tragédie avec quantité de personnes célèbres par leur piété et par leur doctrine[4], qui l'ont condamnée dans ces derniers temps, et qui en jugeraient sans doute plus favorablement, si les auteurs songeaient autant à instruire leurs spectateurs qu'à les divertir, et s'ils suivaient en cela la véritable intention[5] de la tragédie.

notes

1. mise en jour : mise en évidence.
2. sur toute chose : par-dessus tout.

3. Socrate : penseur grec (470-399 av. J.-C.).
4. doctrine : savoir.
5. intention : finalité.

Phèdre

PERSONNAGES

THÉSÉE, *fils d'Égée, roi d'Athènes.*
PHÈDRE, *femme de Thésée, fille de Minos et de Pasiphaé.*
HIPPOLYTE, *fils de Thésée et d'Antiope, reine des Amazones.*
ARICIE, *princesse du sang royal d'Athènes.*
ŒNONE, *nourrice et confidente de Phèdre.*
THÉRAMÈNE, *gouverneur d'Hippolyte.*
ISMÈNE, *confidente d'Aricie.*
PANOPE, *femme de la suite de Phèdre.*
Gardes.

La scène est à Trézène, ville du Péloponnèse.

Acte 1

Scène 1

HIPPOLYTE, THÉRAMÈNE

HIPPOLYTE

Le dessein en est pris¹ : je pars, cher Théramène,
Et quitte le séjour de l'aimable² Trézène³.
Dans le doute mortel dont je suis agité,
Je commence à rougir de mon oisiveté.
5   Depuis plus de six mois éloigné de mon père,
J'ignore le destin d'une tête⁴ si chère ;
J'ignore jusqu'aux lieux qui le peuvent cacher.

THÉRAMÈNE

Et dans quels lieux, Seigneur, l'allez-vous donc chercher ?
Déjà, pour satisfaire à votre juste crainte,
10   J'ai couru les deux mers⁵ que sépare Corinthe ;

notes

1. **Le dessein en est pris :** la décision est prise.
2. **aimable :** agréable.

3. **Trézène :** port du Péloponnèse où Thésée était venu se reposer après le massacre des Pallantides, frères d'Aricie.

4. **tête :** personne.
5. **les deux mers :** la mer Ionienne et la mer Égée, séparées par l'isthme de Corinthe.

J'ai demandé Thésée aux peuples de ces bords[1]
Où l'on voit l'Achéron[2] se perdre chez les morts ;
J'ai visité l'Élide[3], et laissant le Ténare[4],
Passé jusqu'à la mer qui vit tomber Icare[5].
15 Sur quel espoir nouveau, dans quels heureux climats
Croyez-vous découvrir la trace de ses pas ?
Qui sait même, qui sait si le roi votre père
Veut que de son absence on sache le mystère ?
Et si, lorsqu'avec vous nous tremblons pour ses jours,
20 Tranquille, et nous cachant de nouvelles amours,
Ce héros n'attend point qu'une amante abusée[6]…

HIPPOLYTE

Cher Théramène, arrête, et respecte Thésée.
De ses jeunes erreurs[7] désormais revenu,
Par un indigne obstacle il n'est point retenu ;
25 Et fixant de ses vœux[8] l'inconstance fatale,
Phèdre depuis longtemps ne craint plus de rivale.
Enfin en le cherchant je suivrai mon devoir,
Et je fuirai ces lieux que je n'ose plus voir.

THÉRAMÈNE

Hé ! depuis quand, Seigneur, craignez-vous la présence
30 De ces paisibles lieux, si chers à votre enfance,
Et dont je vous ai vu préférer le séjour

---

notes

1. bords : rivages.

2. Achéron : fleuve d'Épire dont le cours se prolonge dans les Enfers ; c'est l'un des quatre grands fleuves des Enfers.

3. Élide : région à l'ouest du Péloponnèse.

4. Ténare : cap au sud du Péloponnèse.

5. Passé [...] Icare : c'est la mer Égée où tomba Icare, fils de Dédale, l'architecte du Labyrinthe de Crète : il vola trop près du Soleil avec les ailes collées par de la cire qu'il avait confectionnées avec son père pour fuir le Labyrinthe.

6. une amante abusée : une amoureuse trompée. Une « *amante* », dans la langue classique, est une femme qui aime et qui est aimée.

7. jeunes erreurs : erreurs de jeunesse.

8. vœux : amours.

Au tumulte pompeux d'Athène[1] et de la Cour ?
Quel péril, ou plutôt quel chagrin[2] vous en chasse ?

HIPPOLYTE

Cet heureux temps n'est plus. Tout a changé de face,
35 Depuis que sur ces bords les dieux ont envoyé
La fille de Minos et de Pasiphaé[3].

THÉRAMÈNE

J'entends[4] : de vos douleurs la cause m'est connue,
Phèdre ici vous chagrine, et blesse votre vue.
Dangereuse marâtre[5], à peine elle vous vit,
40 Que votre exil d'abord signala son crédit[6].
Mais sa haine sur vous autrefois attachée,
Ou s'est évanouie, ou s'est bien relâchée.
Et d'ailleurs quels périls vous peut faire courir
Une femme mourante et qui cherche à mourir ?
45 Phèdre, atteinte d'un mal qu'elle s'obstine à taire,
Lasse enfin d'elle-même et du jour qui l'éclaire,
Peut-elle contre vous former quelques desseins ?

HIPPOLYTE

Sa vaine inimitié n'est pas ce que je crains,
Hippolyte en partant fuit une autre ennemie :
50 Je fuis, je l'avouerai, cette jeune Aricie,
Reste d'un sang fatal conjuré contre nous[7].

---

notes

1. Athène : sans s. Licence orthographique poétique qui permet d'élider le e final et d'éviter une syllabe pour préserver la mesure du vers. La vie de cour évoquée par Théramène renvoie de manière anachronique à celle de Versailles.

2. chagrin : tourment, désespoir. Le sens actuel est affaibli.

3. La fille [...] Pasiphaé : périphrase qui désigne Phèdre.

4. J'entends : je comprends.

5. marâtre : belle-mère.

6. signala son crédit : montra l'influence qu'elle avait sur Thésée.

7. sang fatal conjuré contre nous : famille des Pallantides (fils de Pallas), frères d'Aricie, qui conspirèrent contre Thésée pour obtenir le trône d'Athènes et qui furent massacrés.

THÉRAMÈNE

Quoi ? vous-même, Seigneur, la persécutez-vous ?
Jamais l'aimable sœur des cruels Pallantides
Trempa-t-elle aux complots de ses frères perfides ?
55 Et devez-vous haïr ses innocents appas[1] ?

HIPPOLYTE

Si je la haïssais, je ne la fuirais pas.

THÉRAMÈNE

Seigneur, m'est-il permis d'expliquer votre fuite ?
Pourriez-vous n'être plus ce superbe[2] Hippolyte ?
Implacable ennemi des amoureuses lois[3]
60 Et d'un joug[4] que Thésée a subi tant de fois ?
Vénus, par votre orgueil si longtemps méprisée,
Voudrait-elle à la fin justifier Thésée ?
Et vous mettant au rang du reste des mortels,
Vous a-t-elle forcé d'encenser ses autels[5] ?
65 Aimeriez-vous, Seigneur ?

HIPPOLYTE

                    Ami, qu'oses-tu dire ?
Toi qui connais mon cœur depuis que je respire,
Des sentiments d'un cœur si fier[6], si dédaigneux,
Peux-tu me demander le désaveu honteux ?
C'est peu qu'avec son lait une mère amazone[7]
70 M'ait fait sucer encor[8] cet orgueil qui t'étonne[9] ;

passage analysé

notes

1. appas : charmes, attraits.
2. superbe : orgueilleux.
3. amoureuses lois : lois de l'amour.
4. un joug : une domination (de l'amour).
5. encenser ses autels : lui rendre un culte, c'est-à-dire aimer.

6. fier : farouche, rebelle à l'amour (du latin *ferus*, « qui a le caractère d'une bête sauvage »).
7. une mère amazone : Antiope, mère d'Hippolyte et reine des Amazones, autrefois enlevée par Thésée. Les Amazones étaient une peuplade

mythique de femmes guerrières, filles du dieu Mars.
8. encor : encore, en outre.
9. t'étonne : te stupéfie.

Dans un âge plus mûr moi-même parvenu,
Je me suis applaudi quand je me suis connu.
Attaché près de moi par un zèle sincère,
Tu me contais alors l'histoire de mon père,
75 Tu sais combien mon âme, attentive à ta voix,
S'échauffait au récit de ses nobles exploits,
Quand tu me dépeignais ce héros intrépide
Consolant les mortels de l'absence d'Alcide[1],
Les monstres étouffés et les brigands punis,
80 Procruste, Cercyon, et Scirron, et Sinnis,
Et les os dispersés du géant d'Épidaure[2],
Et la Crète fumant du sang du Minotaure[3] :
Mais quand tu récitais[4] des faits moins glorieux,
Sa foi[5] partout offerte et reçue en cent lieux ;
85 Hélène à ses parents dans Sparte dérobée[6] ;
Salamine témoin des pleurs de Péribée[7] ;
Tant d'autres, dont les noms lui sont même échappés,
Trop crédules esprits que sa flamme[8] a trompés :
Ariane aux rochers contant ses injustices[9],
90 Phèdre enlevée enfin sous de meilleurs auspices[10],

passage analysé

notes

1. **Alcide** : Hercule, descendant d'Alcée.

2. **Procruste, [...] géant d'Épidaure** : brigands tués par Thésée.

3. **Minotaure** : monstre mi-homme, mi-taureau, né des amours de Pasiphaé, femme du roi de Crète Minos, et d'un taureau, puis enfermé dans le Labyrinthe par Minos, qui exigeait d'Athènes des victimes humaines pour le nourrir. Thésée tua ce monstre avec l'aide d'Ariane, fille de Minos et sœur de Phèdre.

4. **récitais** : racontais.

5. **Sa foi** : ses serments de fidélité.

6. **Hélène [...] dérobée** : Hélène, fille de Léda et de Zeus, fut enlevée d'abord à ses parents par Thésée et délivrée par ses frères. Devenue l'épouse du roi de Sparte Ménélas, elle fut enlevée par Pâris, fils du roi de Troie Priam – ce qui provoqua le guerre de Troie.

7. **Salamine [...] Péribée** : Péribée, fille du roi de Mégare, fut enlevée à Minos par Thésée et abandonnée à Salamine.

8. **sa flamme** : son amour. Métaphore constante dans la pièce. On trouve, dans le même sens, *le feu* ou *les feux*.

9. **Ariane [...] injustices** : Ariane, fille du roi Minos, après avoir aidé Thésée à retrouver son chemin dans le Labyrinthe du Minotaure grâce à une pelote de fil, fut séduite et abandonnée par lui sur l'île de Naxos.

10. **sous de meilleurs auspices** : Phèdre, sœur d'Ariane, devint la femme légitime de Thésée.

Tu sais comme à regret écoutant ce discours,
Je te pressais souvent d'en abréger le cours,
Heureux si j'avais pu ravir à la mémoire[1]
Cette indigne moitié d'une si belle histoire.
95 Et moi-même, à mon tour, je me verrais lié[2] ?
Et les dieux jusque-là m'auraient humilié ?
Dans mes lâches soupirs d'autant plus méprisable,
Qu'un long amas d'honneurs rend Thésée excusable,
Qu'aucuns monstres[3] par moi domptés jusqu'aujourd'hui
100 Ne m'ont acquis le droit de faillir comme lui.
Quand même ma fierté pourrait s'être adoucie,
Aurais-je pour vainqueur dû choisir Aricie ?
Ne souviendrait-il plus à mes sens égarés
De l'obstacle éternel qui nous a séparés ?
105 Mon père la réprouve[4], et par des lois sévères
Il défend de donner des neveux à ses frères :
D'une tige coupable il craint un rejeton[5] ;
Il veut avec leur sœur ensevelir leur nom,
Et que jusqu'au tombeau soumise à sa tutelle,
110 Jamais les feux d'hymen[6] ne s'allument pour elle.
Dois-je épouser ses droits contre un père irrité ?
Donnerai-je l'exemple à la témérité ?
Et dans un fol amour ma jeunesse embarquée...

THÉRAMÈNE

Ah ! Seigneur, si votre heure est une fois marquée,
115 Le ciel de nos raisons ne sait point s'informer[7].

passage analysé (marge)

notes

1. **ravir à la mémoire :** effacer du souvenir des hommes.
2. **lié :** prisonnier, enchaîné par les liens de l'amour.
3. **Qu'aucuns monstres :** que nul monstre (pluriel grammaticalement correct au XVIIe siècle).
4. **réprouve :** rejette, repousse.
5. **D'une tige [...] rejeton :** il craint un descendant (« *rejeton* ») d'une lignée (« *tige* ») coupable (métaphore filée).
6. **feux d'hymen :** feux du mariage.
7. **si votre heure [...] s'informer :** si le destin en a décidé ainsi, le ciel se soucie peu de nos raisons.

Thésée ouvre vos yeux en voulant les fermer ;
Et sa haine, irritant une flamme rebelle[1],
Prête à son ennemie une grâce nouvelle.
Enfin d'un chaste amour pourquoi vous effrayer ?
120 S'il a quelque douceur, n'osez-vous l'essayer[2] ?
En croirez-vous toujours un farouche scrupule ?
Craint-on de s'égarer sur les traces d'Hercule[3] ?
Quels courages[4] Vénus n'a-t-elle pas domptés ?
Vous-même, où seriez-vous, vous qui la combattez,
125 Si toujours Antiope à ses lois opposée[5],
D'une pudique ardeur n'eût brûlé pour Thésée ?
Mais que sert d'affecter un superbe discours[6] ?
Avouez-le, tout change ; et depuis quelques jours
On vous voit, moins souvent, orgueilleux et sauvage,
130 Tantôt faire voler un char sur le rivage,
Tantôt, savant dans l'art par Neptune inventé[7],
Rendre docile au frein un coursier indompté[8].
Les forêts de nos cris moins souvent retentissent :
Chargés d'un feu secret, vos yeux s'appesantissent.
135 Il n'en faut point douter : vous aimez, vous brûlez ;
Vous périssez d'un mal que vous dissimulez.
La charmante[9] Aricie a-t-elle su vous plaire ?

HIPPOLYTE
Théramène, je pars, et vais chercher mon père.

---

notes

1. irritant une flamme rebelle : suscitant un amour contraire à ses volontés.

2. l'essayer : en faire l'expérience.

3. sur les traces d'Hercule : Hercule est aussi connu pour ses conquêtes amoureuses.

4. Quels courages : quels cœurs fiers.

5. Antiope à ses lois opposée : Antiope, mère d'Hippolyte, était hostile au mariage comme toutes les Amazones.

6. affecter un superbe discours : simuler un langage orgueilleux.

7. l'art par Neptune inventé : l'art de dresser les chevaux, enseigné par Neptune aux Grecs.

8. rendre docile [...] indompté : rendre docile au mors un cheval de course non dompté.

9. charmante : envoûtante, aux charmes magiques.

THÉRAMÈNE
Ne verrez-vous point Phèdre avant que de partir,
140   Seigneur ?

HIPPOLYTE
        C'est mon dessein : tu peux l'en avertir.
Voyons-la, puisqu'ainsi mon devoir me l'ordonne.
Mais quel nouveau malheur trouble[1] sa chère Œnone ?

Thésée tuant le Minotaure.

note

| **1. trouble :** bouleverse.

Scène 2

HIPPOLYTE, ŒNONE,
THÉRAMÈNE

ŒNONE

Hélas ! Seigneur, quel trouble au mien peut être égal ?
La reine touche presque à son terme fatal[1].
145 En vain à l'observer jour et nuit je m'attache :
Elle meurt dans mes bras d'un mal qu'elle me cache.
Un désordre éternel règne dans son esprit.
Son chagrin inquiet[2] l'arrache de son lit.
Elle veut voir le jour ; et sa douleur profonde
150 M'ordonne toutefois d'écarter tout le monde...
Elle vient.

HIPPOLYTE

      Il suffit : je la laisse en ces lieux,
Et ne lui montre point un visage odieux[3].

Scène 3

PHÈDRE, ŒNONE

PHÈDRE

N'allons point plus avant. Demeurons[4], chère Œnone.
Je ne me soutiens plus : ma force m'abandonne.
155 Mes yeux sont éblouis du jour que je revoi[5],
Et mes genoux tremblants se dérobent sous moi.
Hélas !
(Elle s'assoit.)

ŒNONE

   Dieux tout-puissants, que nos pleurs vous apaisent.

notes ....

1. son terme fatal : sa mort fixée par le destin.
2. inquiet : qui l'empêche de se reposer.

3. odieux : qu'elle déteste.
4. Demeurons : arrêtons-nous.

5. revoi : orthographe archaïque permettant la « rime pour l'œil » avec « *moi* ».

PHÈDRE

Que ces vains ornements, que ces voiles me pèsent !
Quelle importune main, en formant tous ces nœuds,
160   A pris soin sur mon front d'assembler mes cheveux ?
Tout m'afflige[1] et me nuit, et conspire[2] à me nuire.

ŒNONE

Comme on voit tous ses vœux l'un l'autre se détruire !
Vous-même, condamnant vos injustes desseins[3],
Tantôt[4] à vous parer vous excitiez nos mains ;
165   Vous-même, rappelant votre force première,
Vous vouliez vous montrer et revoir la lumière.
Vous la voyez, Madame ; et prête à vous cacher,
Vous haïssez le jour que vous veniez chercher ?

PHÈDRE

Noble et brillant auteur d'une triste famille,
170   Toi, dont ma mère osait se vanter d'être fille,
Qui peut-être rougis du trouble où tu me vois,
Soleil[5], je te viens voir pour la dernière fois.

ŒNONE

Quoi ? vous ne perdrez point cette cruelle envie ?
Vous verrai-je toujours, renonçant à la vie,
175   Faire de votre mort les funestes[6] apprêts ?

PHÈDRE

Dieux ! que ne suis-je assise à l'ombre des forêts !
Quand pourrai-je, au travers d'une noble poussière[7],
Suivre de l'œil un char fuyant dans la carrière[8] ?

notes

1. **m'afflige** : m'accable.
2. **conspire** : concourt.
3. **vos injustes desseins** : votre décision injustifiée (de ne plus sortir).
4. **Tantôt** : tout à l'heure (c'est le matin).

5. **Soleil** : le dieu Hélios, le Soleil, est le père de Pasiphaé (mère de Phèdre).
6. **funestes** : qui concernent la mort. Du latin *funus*, qui veut dire « deuil ». Sens atténué aujourd'hui.

7. **noble poussière** : poussière soulevée par la course de chars, sport aristocratique où Hippolyte excelle. Figure de style par déplacement (hypallage).
8. **carrière** : piste pour les courses de chars.

ŒNONE
Quoi, Madame ?

PHÈDRE

Insensée, où suis-je ? et qu'ai-je dit ?
180 Où laissé-je égarer mes vœux[1] et mon esprit ?
Je l'ai perdu : les dieux m'en ont ravi l'usage.
Œnone, la rougeur me couvre le visage :
Je te laisse trop voir mes honteuses douleurs ;
Et mes yeux, malgré moi, se remplissent de pleurs.

ŒNONE
185 Ah ! s'il vous faut rougir, rougissez d'un silence
Qui de vos maux encore aigrit[2] la violence.
Rebelle à tous nos soins, sourde à tous nos discours,
Voulez-vous sans pitié laisser finir vos jours ?
Quelle fureur les borne[3] au milieu de leur course ?
190 Quel charme[4] ou quel poison en a tari la source ?
Les ombres par trois fois ont obscurci les cieux[5]
Depuis que le sommeil n'est entré dans vos yeux,
Et le jour a trois fois chassé la nuit obscure
Depuis que votre corps languit sans nourriture.
195 À quel[6] affreux dessein vous laissez-vous tenter ?
De quel droit sur vous-même osez-vous attenter ?
Vous offensez les dieux auteurs de votre vie ;
Vous trahissez l'époux à qui la foi[7] vous lie ;
Vous trahissez enfin vos enfants malheureux,
200 Que vous précipitez sous un joug rigoureux.
Songez qu'un même jour leur ravira leur mère,
Et rendra l'espérance au fils de l'étrangère,

notes --

1. **vœux** : désirs amoureux.
2. **aigrit** : aggrave.
3. **Quelle fureur les borne** : quelle folie furieuse leur met un terme.

4. **charme** : sortilège.
5. **Les ombres [...] cieux** : trois nuits se sont écoulées.
6. **À quel** : par quel.

7. **foi** : fidélité jurée.

51

À ce fier ennemi de vous, de votre sang[1],
Ce fils qu'une Amazone a porté dans son flanc,

205 Cet Hippolyte...

ŒNONE
       Ah, dieux !

ŒNONE
              Ce reproche vous touche.

PHÈDRE
Malheureuse, quel nom est sorti de ta bouche ?

ŒNONE
Hé bien ! votre colère éclate avec raison ;
J'aime à vous voir frémir à ce funeste nom.
Vivez donc. Que l'amour, le devoir vous excite[2].

210 Vivez, ne souffrez pas que le fils d'une Scythe[3],
Accablant vos enfants d'un empire odieux[4],
Commande au plus beau sang[5] de la Grèce et des dieux.
Mais ne différez point : chaque moment vous tue.
Réparez promptement votre force abattue,

215 Tandis que de vos jours, prêts à se consumer,
Le flambeau dure encore, et peut se rallumer.

PHÈDRE
J'en ai trop prolongé la coupable durée.

ŒNONE
Quoi ? de quelques remords êtes-vous déchirée ?
Quel crime a pu produire un trouble si pressant[6] ?

220 Vos mains n'ont point trempé dans le sang innocent ?

notes ....

1. **sang** : famille.
2. **excite** : ranime, engage à vivre (accord avec le sujet le plus proche).
3. **une Scythe** : une Amazone. Les Amazones étaient originaires de la Scythie, au nord de la mer Noire.
4. **un empire odieux** : une domination détestable.
5. **au plus beau sang** : les enfants de Phèdre et de Thésée sont de purs Grecs et descendent des dieux, tandis qu'Hippolyte est « barbare » par sa mère.
6. **pressant** : oppressant.

PHÈDRE

Grâces au ciel, mes mains ne sont point criminelles.
Plût aux dieux que mon cœur fût innocent comme elles !

ŒNONE

Et quel affreux projet avez-vous enfanté
Dont votre cœur encore doive être épouvanté ?

PHÈDRE

225 Je t'en ai dit assez. Épargne-moi le reste.
Je meurs, pour ne point faire un aveu si funeste.

ŒNONE

Mourez donc, et gardez un silence inhumain ;
Mais pour fermer vos yeux cherchez une autre main.
Quoiqu'il vous reste à peine une faible lumière[1],
230 Mon âme chez les morts descendra la première.
Mille chemins ouverts y conduisent toujours.
Et ma juste douleur choisira les plus courts.
Cruelle, quand ma foi vous a-t-elle déçue ?
Songez-vous qu'en naissant[2] mes bras vous ont reçue ?
235 Mon pays, mes enfants, pour vous j'ai tout quitté.
Réserviez-vous ce prix à ma fidélité ?

PHÈDRE

Quel fruit espères-tu de tant de violence ?
Tu frémiras d'horreur si je romps le silence.

ŒNONE

Et que me direz-vous qui ne cède, grands dieux !
240 À l'horreur de vous voir expirer à mes yeux ?

notes

1. **une faible lumière :** une faible étincelle de vie (« *lumière* » : métaphore poétique pour désigner la vie).

2. **en naissant :** à votre naissance.

Phèdre et Œnone (Sophie Clément et Françoise Faucher),
mise en scène d'Olivier Reichenbach,
Théâtre du Nouveau Monde, 1988.

PHÈDRE
Quand tu sauras mon crime, et le sort qui m'accable,
Je n'en mourrai pas moins, j'en mourrai plus coupable.

ŒNONE
Madame, au nom des pleurs que pour vous j'ai versés,
Par vos faibles genoux que je tiens embrassés[1],
245 Délivrez mon esprit de ce funeste doute.

PHÈDRE
Tu le veux. Lève-toi.

ŒNONE
                Parlez, je vous écoute.

PHÈDRE
Ciel ! que lui vais-je dire, et par où commencer ?

ŒNONE
Par de vaines frayeurs cessez de m'offenser[2] ?

PHÈDRE
Ô haine de Vénus ! Ô fatale colère ![3]
250 Dans quels égarements l'amour jeta ma mère ![4]

ŒNONE
Oublions-les, Madame ; et qu'à tout l'avenir
Un silence éternel cache ce souvenir.

PHÈDRE
Ariane, ma sœur, de quel amour blessée,
Vous mourûtes aux bords où vous fûtes laissée ![5]

notes

1. embrassés : entourés de mes bras (attitude des suppliants antiques).

2. m'offenser : me faire souffrir.

3. Ô [...] colère ! : haine mortelle de Vénus qui poursuit de sa vengeance les descendants du Soleil parce qu'il avait divulgué ses amours avec Mars.

4. Dans [...] ma mère ! : allusion à l'amour monstrueux de Pasiphaé pour un taureau (d'où naquit le Minotaure).

5. Ariane [...] laissée ! : Ariane, autre fille du roi Minos, après avoir aidé Thésée à retrouver son chemin dans le Labyrinthe du Minotaure, fut séduite et abandonnée par lui sur l'île de Naxos.

passage analysé

ŒNONE

255 Que faites-vous, Madame ? et quel mortel ennui[1]
Contre tout votre sang vous anime aujourd'hui ?

PHÈDRE

Puisque Vénus le veut, de ce sang déplorable[2]
Je péris la dernière et la plus misérable.

ŒNONE

Aimez-vous ?

PHÈDRE

De l'amour j'ai toutes les fureurs.

ŒNONE

260 Pour qui ?

PHÈDRE

Tu vas ouïr le comble des horreurs.
J'aime... À ce nom fatal, je tremble, je frissonne.
J'aime...

ŒNONE

Qui ?

PHÈDRE

Tu connais ce fils de l'Amazone,
Ce prince si longtemps par moi-même opprimé ?

ŒNONE

Hippolyte ? Grands Dieux !

PHÈDRE

C'est toi qui l'as nommé.

ŒNONE

265 Juste ciel ! tout mon sang dans mes veines se glace.
Ô désespoir ! ô crime ! ô déplorable race !

passage analysé

notes ....

| 1. **ennui** : tourment, désespoir. Sens aujourd'hui très atténué. | 2. **ce sang déplorable** : cette famille digne de pitié. |

Voyage infortuné ! Rivage malheureux[1],
Fallait-il approcher de tes bords dangereux ?

PHÈDRE

Mon mal vient de plus loin. À peine au fils d'Égée[2]
270 Sous les lois de l'hymen[3], je m'étais engagée,
Mon repos, mon bonheur semblait être affermi ;
Athènes me montra mon superbe ennemi[4].
Je le vis, je rougis, je pâlis à sa vue ;
Un trouble s'éleva dans mon âme éperdue ;
275 Mes yeux ne voyaient plus, je ne pouvais parler ;
Je sentis tout mon corps et transir[5] et brûler ;
Je reconnus Vénus et ses feux redoutables,
D'un sang qu'elle poursuit tourments inévitables.
Par des vœux[6] assidus je crus les détourner ;
280 Je lui bâtis un temple, et pris soin de l'orner ;
De victimes moi-même à toute heure entourée,
Je cherchais dans leurs flancs[7] ma raison égarée.
D'un incurable amour remèdes impuissants !
En vain sur les autels ma main brûlait l'encens :
285 Quand ma bouche implorait le nom de la déesse,
J'adorais Hippolyte ; et le voyant sans cesse,
Même au pied des autels que je faisais fumer,
J'offrais tout à ce dieu que je n'osais nommer.
Je l'évitais partout. Ô comble de misère[8] !
290 Mes yeux le retrouvaient dans les traits de son père.
Contre moi-même enfin j'osai me révolter :
J'excitai mon courage[9] à le persécuter.

passage analysé

notes

1. **Rivage malheureux** : rivage de Trézène, où Phèdre a eu le malheur de retrouver Hippolyte.
2. **fils d'Égée** : Thésée.
3. **hymen** : mariage.
4. **mon superbe ennemi** :

désigne Hippolyte, fier (« *superbe* ») et ennemi parce qu'il suscite un amour interdit.
5. **transir** : être saisi de froid.
6. **vœux** : prières.
7. **Je cherchais dans leurs**

flancs : selon les rites de la religion grecque, Phèdre consultait les entrailles d'animaux sacrifiés pour connaître l'avenir.
8. **misère** : malheur.
9. **courage** : cœur.

Pour bannir l'ennemi dont j'étais idolâtre,
J'affectai les chagrins[1] d'une injuste marâtre ;
295 Je pressai son exil, et mes cris éternels
L'arrachèrent du sein et des bras paternels.
Je respirais, Œnone ; et depuis son absence,
Mes jours moins agités coulaient dans l'innocence.
Soumise à mon époux, et cachant mes ennuis,
300 De son fatal hymen je cultivais les fruits[2].
Vaines précautions ! Cruelle destinée !
Par mon époux lui-même à Trézène amenée,
J'ai revu l'ennemi que j'avais éloigné :
Ma blessure trop vite aussitôt a saigné.
305 Ce n'est plus une ardeur dans mes veines cachée :
C'est Vénus tout entière à sa proie attachée.
J'ai conçu pour mon crime une juste terreur ;
J'ai pris la vie en haine, et ma flamme en horreur.
Je voulais en mourant prendre soin de ma gloire[3],
310 Et dérober au jour une flamme si noire[4] :
Je n'ai pu soutenir tes larmes, tes combats ;
Je t'ai tout avoué ; je ne m'en repens pas.
Pourvu que de ma mort respectant les approches,
Tu ne m'affliges plus par d'injustes reproches,
315 Et que tes vains secours cessent de rappeler
Un reste de chaleur tout prêt à s'exhaler[5].

passage analysé

notes

1. les chagrins : l'hostilité. Sens aujourd'hui atténué.
2. De son fatal hymen je cultivais les fruits : j'élevais mes enfants, nés (« *fruits* »)
de mon mariage avec Thésée.
3. ma gloire : mon honneur, ma réputation.
4. noire : criminelle.
5. Un reste de chaleur tout prêt à s'exhaler : un dernier souffle de vie prêt à s'échapper.

Scène 4 PHÈDRE, ŒNONE, PANOPE

PANOPE

Je voudrais vous cacher une triste nouvelle,
Madame ; mais il faut que je vous la révèle.
La mort vous a ravi votre invincible époux ;
320 Et ce malheur n'est plus ignoré que de vous.

ŒNONE

Panope, que dis-tu ?

PANOPE

Que la reine abusée[1]
En vain demande au ciel le retour de Thésée ;
Et que par des vaisseaux arrivés dans le port
Hippolyte son fils vient d'apprendre sa mort.

PHÈDRE

325 Ciel !

PANOPE

Pour le choix d'un maître Athènes se partage :
Au prince votre fils l'un donne son suffrage,
Madame ; et de l'État l'autre oubliant les lois,
Au fils de l'étrangère[2] ose donner sa voix.
On dit même qu'au trône, une brigue[3] insolente
330 Veut placer Aricie et le sang de Pallante.
J'ai cru de ce péril vous devoir avertir.
Déjà même Hippolyte est tout prêt à partir ;
Et l'on craint, s'il paraît dans ce nouvel[4] orage,
Qu'il n'entraîne après lui tout un peuple volage[5].

notes

1. abusée : vivant dans l'illusion (que Thésée n'est pas mort).
2. fils de l'étrangère : Hippolyte, fils d'Antiope.

3. une brigue : une faction politique, des conspirateurs.
4. nouvel : imprévu.
5. volage : inconstant.

ŒNONE

335 Panope, c'est assez. La reine, qui t'entend,
Ne négligera point cet avis important.

Scène 5

PHÈDRE, ŒNONE

ŒNONE

Madame, je cessais de vous presser de vivre ;
Déjà même au tombeau je songeais à vous suivre ;
Pour vous en détourner je n'avais plus de voix ;
340 Mais ce nouveau malheur vous prescrit d'autres lois.
Votre fortune[1] change et prend une autre face :
Le roi n'est plus, Madame ; il faut prendre sa place.
Sa mort vous laisse un fils à qui vous vous devez,
Esclave s'il vous perd, et roi si vous vivez.
345 Sur qui, dans son malheur, voulez-vous qu'il s'appuie ?
Ses larmes n'auront plus de main qui les essuie :
Et ses cris innocents portés jusques aux dieux,
Iront contre sa mère irriter ses aïeux.
Vivez, vous n'avez plus de reproche à vous faire :
350 Votre flamme devient une flamme ordinaire.
Thésée en expirant vient de rompre les nœuds[2]
Qui faisaient tout le crime et l'horreur de vos feux.
Hippolyte pour vous devient moins redoutable ;
Et vous pouvez le voir sans vous rendre coupable.
355 Peut-être convaincu de votre aversion,
Il va donner un chef à la sédition ;
Détrompez son erreur, fléchissez son courage.

notes

| **1. fortune :** sort, destinée. | **2. nœuds :** liens du mariage.

Roi de ces bords heureux, Trézène est son partage[1] ;
Mais il sait que les lois donnent à votre fils
360   Les superbes remparts que Minerve a bâtis[2].
Vous avez l'un et l'autre une juste ennemie[3].
Unissez-vous tous deux pour combattre Aricie.

PHÈDRE

Hé bien ! à tes conseils je me laisse entraîner.
Vivons, si vers la vie on peut me ramener,
365   Et si l'amour d'un fils en ce moment funeste
De mes faibles esprits peut ranimer le reste.

---

notes

1. est son partage : lui revient.
2. Les superbes [...] a bâtis : périphrase pour désigner Athènes, ville protégée par Minerve (Athéna en grec).
3. juste ennemie : ennemie réelle, légitime.

61

Aricie et Hippolyte (Anne Bédard et Denis Bernard), Théâtre du Nouveau Monde, 1988.

Scène 1

ARICIE, ISMÈNE

ARICIE

Hippolyte demande à me voir en ce lieu ?
Hippolyte me cherche, et veut me dire adieu ?
Ismène, dis-tu vrai ? N'es-tu point abusée ?

ISMÈNE

370 C'est le premier effet de la mort de Thésée.
Préparez-vous, Madame, à voir de tous côtés
Voler vers vous les cœurs par Thésée écartés.
Aricie, à la fin, de son sort est maîtresse,
Et bientôt à ses pieds verra toute la Grèce.

ARICIE

375 Ce n'est donc point, Ismène, un bruit mal affermi[1] ?
Je cesse d'être esclave, et n'ai plus d'ennemi ?

note ─────────────────────────────────

| **1. mal affermi :** non confirmé.

ISMÈNE
Non, Madame, les dieux ne vous sont plus contraires ;
Et Thésée a rejoint les mânes de vos frères[1].

ARICIE
Dit-on quelle aventure[2] a terminé ses jours ?

ISMÈNE
380 On sème de sa mort d'incroyables discours[3].
On dit que, ravisseur d'une amante nouvelle,
Les flots ont englouti cet époux infidèle,
On dit même, et ce bruit est partout répandu,
Qu'avec Pirithoüs[4] aux Enfers descendu,
385 Il a vu le Cocyte[5] et les rivages sombres,
Et s'est montré vivant aux infernales[6] ombres ;
Mais qu'il n'a pu sortir de ce triste[7] séjour,
Et repasser les bords qu'on passe sans retour.

ARICIE
Croirai-je qu'un mortel, avant sa dernière heure,
390 Peut pénétrer des morts la profonde demeure ?
Quel charme[8] l'attirait sur ces bords redoutés ?

ISMÈNE
Thésée est mort, Madame, et vous seule en doutez :
Athènes en gémit, Trézène en est instruite,
Et déjà pour son roi reconnaît Hippolyte.
395 Phèdre, dans ce palais, tremblante pour son fils,
De ses amis troublés demande les avis.

notes ....

1. **les mânes de vos frères** : les âmes de vos frères morts. Les mânes des morts sont considérés comme des divinités dans l'Antiquité.
2. **quelle aventure** : quel événement.

3. **discours** : récits.
4. **Pirithoüs** : compagnon de Thésée.
5. **Cocyte** : un des fleuves des Enfers qui prend sa source en Épire, comme

l'Achéron. Désigne les Enfers, par métonymie.
6. **infernales** : des Enfers.
7. **triste** : sombre, funèbre.
8. **Quel charme** : quel envoûtement.

ARICIE

Et tu crois que pour moi plus humain que son père,
Hippolyte rendra ma chaîne plus légère ?
Qu'il plaindra mes malheurs ?

ISMÈNE

Madame, je le croi[1].

ARICIE

400 L'insensible Hippolyte est-il connu de toi ?
Sur quel frivole espoir penses-tu qu'il me plaigne,
Et respecte en moi seule un sexe qu'il dédaigne ?
Tu vois depuis quel temps il évite nos pas,
Et cherche tous les lieux où nous ne sommes pas.

ISMÈNE

405 Je sais de ses froideurs tout ce que l'on récite[2] ;
Mais j'ai vu près de vous ce superbe Hippolyte ;
Et même en le voyant le bruit[3] de sa fierté
A redoublé pour lui ma curiosité.
Sa présence[4] à ce bruit n'a point paru répondre :
410 Dès vos premiers regards je l'ai vu se confondre[5].
Ses yeux, qui vainement voulaient vous éviter,
Déjà pleins de langueur[6], ne pouvaient vous quitter.
Le nom d'amant peut-être offense son courage[7] ;
Mais il en a les yeux, s'il n'en a le langage.

ARICIE

415 Que mon cœur, chère Ismène, écoute avidement
Un discours qui peut-être a peu de fondement !
Ô toi qui me connais, te semblait-il croyable
Que le triste jouet d'un sort impitoyable,

---

notes ....

1. croi : crois (orthographe
archaïque permettant la
« rime pour l'œil » avec
« *toi* »).

2. récite : raconte.
3. le bruit : la réputation.
4. Sa présence : son attitude.
5. se confondre : se troubler.

6. langueur : souffrance
amoureuse.
7. courage : cœur.

65

Un cœur toujours nourri d'amertume et de pleurs,
420   Dût connaître l'amour et ses folles douleurs ?
Reste du sang d'un roi noble fils de la Terre[1],
Je suis seule échappée aux fureurs de la guerre.
J'ai perdu, dans la fleur de leur jeune saison,
Six frères, quel espoir d'une illustre maison !
425   Le fer moissonna tout ; et la terre humectée
But à regret le sang des neveux[2] d'Érechthée.
Tu sais, depuis leur mort, quelle sévère loi
Défend à tous les Grecs de soupirer pour moi :
On craint que de la sœur les flammes téméraires
430   Ne raniment un jour la cendre de ses frères.
Mais tu sais bien aussi de quel œil dédaigneux
Je regardais ce soin[3] d'un vainqueur soupçonneux.
Tu sais que de tout temps à l'amour opposée,
Je rendais souvent grâce à l'injuste Thésée,
435   Dont l'heureuse rigueur secondait mes mépris.
Mes yeux alors, mes yeux n'avaient pas vu son fils.
Non que par les yeux seuls lâchement enchantée[4],
J'aime en lui sa beauté, sa grâce tant vantée,
Présents dont la nature a voulu l'honorer,
440   Qu'il méprise lui-même, et qu'il semble ignorer.
J'aime, je prise[5] en lui de plus nobles richesses,
Les vertus de son père, et non point les faiblesses.
J'aime, je l'avouerai, cet orgueil généreux[6],
Qui jamais n'a fléchi sous le joug[7] amoureux.
445   Phèdre en vain s'honorait des soupirs[8] de Thésée :
Pour moi, je suis plus fière, et fuis la gloire aisée
D'arracher un hommage à mille autres offert,

notes

1. **noble fils de la Terre :** Aricie est descendante d'Érechthée, fils de Vulcain et de la Terre, et premier roi d'Athènes.

2. **neveux :** descendants.

3. **ce soin :** cette précaution.

4. **enchantée :** envoûtée.

5. **je prise :** j'apprécie, j'estime.

6. **généreux :** noble.

7. **le joug :** la domination.

8. **soupirs :** soupirs d'amour.

Et d'entrer dans un cœur de toutes parts ouvert.
Mais de faire fléchir un courage inflexible,
450 De porter la douleur dans une âme insensible,
D'enchaîner un captif de ses fers étonné[1],
Contre un joug qui lui plaît vainement mutiné[2] :
C'est là ce que je veux, c'est là ce qui m'irrite[3].
Hercule à désarmer coûtait moins qu'Hippolyte
455 Et vaincu plus souvent, et plus tôt surmonté,
Préparait moins de gloire aux yeux qui l'ont dompté.
Mais, chère Ismène, hélas ! quelle est mon imprudence !
On ne m'opposera que trop de résistance.
Tu m'entendras peut-être humble dans mon ennui[4],
460 Gémir du même orgueil que j'admire aujourd'hui.
Hippolyte aimerait ? Par quel bonheur extrême
Aurais-je pu fléchir...

ISMÈNE
                              Vous l'entendrez lui-même :
Il vient à vous.

Scène 2   HIPPOLYTE, ARICIE, ISMÈNE

HIPPOLYTE
                              Madame, avant que de partir,
J'ai cru de votre sort vous devoir avertir.
465 Mon père ne vit plus. Ma juste défiance[5]
Présageait les raisons de sa trop longue absence :
La mort seule, bornant ses travaux éclatants[6],

notes
----

1. étonné : stupéfait (frappé comme par le tonnerre).
2. mutiné : révolté.
3. m'irrite : m'anime, m'excite.
4. ennui : tourment.
5. juste défiance : inquiétude justifiée.
6. travaux éclatants : glorieux exploits.

67

Pouvait à l'univers le cacher si longtemps.
Les dieux livrent enfin à la Parque homicide[1]
470 L'ami, le compagnon, le successeur d'Alcide[2].
Je crois que votre haine, épargnant ses vertus,
Écoute sans regret ces noms qui lui sont dus.
Un espoir adoucit ma tristesse mortelle :
Je puis vous affranchir d'une austère[3] tutelle.
475 Je révoque des lois dont j'ai plaint[4] la rigueur.
Vous pouvez disposer de vous, de votre cœur ;
Et dans cette Trézène, aujourd'hui mon partage,
De mon aïeul Pitthée[5] autrefois l'héritage,
Qui m'a, sans balancer[6], reconnu pour son roi,
480 Je vous laisse aussi libre, et plus libre que moi.

ARICIE
Modérez des bontés dont l'excès m'embarrasse.
D'un soin si généreux honorer ma disgrâce,
Seigneur, c'est me ranger, plus que vous ne pensez,
Sous ces austères lois dont vous me dispensez.

HIPPOLYTE
485 Du choix d'un successeur Athènes incertaine,
Parle de vous, me nomme, et le fils de la reine.

ARICIE
De moi, Seigneur ?

HIPPOLYTE
                    Je sais, sans vouloir me flatter,
Qu'une superbe loi[7] semble me rejeter.
La Grèce me reproche une mère étrangère.

notes

1. la Parque homicide : divinité personnifiant le Destin, qui présidait à la mort.
2. Alcide : Hercule.

3. austère : rigoureuse.
4. j'ai plaint : j'ai déploré.
5. Pitthée : fils de Jupiter, grand-père de Thésée et ancien roi de Trézène.

6. sans balancer : sans hésiter.
7. superbe loi : loi méprisante.

490 Mais si pour concurrent je n'avais que mon frère[1],
Madame, j'ai sur lui de véritables droits
Que je saurais sauver du caprice des lois.
Un frein plus légitime arrête mon audace :
Je vous cède, ou plutôt je vous rends une place,
495 Un sceptre que jadis vos aïeux ont reçu
De ce fameux mortel[2] que la Terre a conçu.
L'adoption[3] le mit entre les mains d'Égée.
Athènes, par mon père accrue et protégée,
Reconnut avec joie un roi si généreux,
500 Et laissa dans l'oubli vos frères malheureux.
Athènes dans ses murs maintenant vous rappelle.
Assez elle a gémi d'une longue querelle ;
Assez dans ses sillons votre sang englouti
A fait fumer le champ dont il était sorti.
505 Trézène m'obéit. Les campagnes de Crète
Offrent au fils de Phèdre une riche retraite.
L'Attique[4] est votre bien. Je pars, et vais pour vous
Réunir tous les vœux partagés entre nous.

ARICIE
De tout ce que j'entends étonnée[5] et confuse,
510 Je crains presque, je crains qu'un songe ne m'abuse.
Veillé-je ? Puis-je croire un semblable dessein ?
Quel dieu, Seigneur, quel dieu l'a mis dans votre sein ?
Qu'à bon droit votre gloire en tous lieux est semée !
Et que la vérité passe[6] la renommée !
515 Vous-même, en ma faveur, vous voulez vous trahir ?

notes ....

1. mon frère : désigne le fils
aîné de Phèdre.
2. ce fameux mortel :
Érechthée.
3. Égée, père de Thésée,
était fils adoptif de Pandion II,

descendant d'Érechthée ;
tandis que Pallas, père
d'Aricie, était son fils par le
sang. Les droits au trône
d'Aricie seraient donc plus
légitimes que ceux
d'Hippolyte.

4. Attique : région de Grèce
où se trouve Athènes.
5. étonnée : stupéfiée.
6. passe : dépasse.

N'était-ce pas assez de ne me point haïr,
Et d'avoir si longtemps pu défendre votre âme
De cette inimitié...

HIPPOLYTE

        Moi, vous haïr, Madame ?
Avec quelques couleurs qu'on ait peint ma fierté,
520 Croit-on que dans ses flancs un monstre m'ait porté ?
Quelles sauvages mœurs, quelle haine endurcie
Pourrait, en vous voyant, n'être point adoucie ?
Ai-je pu résister au charme décevant[1]...

ARICIE

Quoi ? Seigneur.

HIPPOLYTE

        Je me suis engagé trop avant.
525 Je vois que la raison cède à la violence[2].
Puisque j'ai commencé de rompre le silence,
Madame, il faut poursuivre : il faut vous informer
D'un secret que mon cœur ne peut plus renfermer.
Vous voyez devant vous un prince déplorable[3],
530 D'un téméraire orgueil exemple mémorable.
Moi qui contre l'amour fièrement révolté,
Aux fers de ses captifs ai longtemps insulté[4] ;
Qui des faibles mortels déplorant les naufrages,
Pensais toujours du bord contempler les orages,
535 Asservi maintenant sous la commune loi,
Par quel trouble me vois-je emporté loin de moi ?
Un moment a vaincu mon audace imprudente :
Cette âme si superbe[5] est enfin dépendante.

notes ··

1. **charme décevant** : charme trompeur.
2. **violence** : passion.
3. **déplorable** : qui mérite la pitié.
4. **Aux fers [...] insulté** : ai longtemps méprisé
l'esclavage des captifs de l'amour.
5. **superbe** : farouche, orgueilleuse.

Depuis près de six mois, honteux, désespéré,
540 Portant partout le trait[1] dont je suis déchiré,
Contre vous, contre moi, vainement je m'éprouve[2] :
Présente, je vous fuis ; absente, je vous trouve ;
Dans le fond des forêts votre image me suit ;
La lumière du jour, les ombres de la nuit,
545 Tout retrace à mes yeux les charmes que j'évite ;
Tout vous livre à l'envi[3] le rebelle Hippolyte.
Moi-même, pour tout fruit de mes soins[4] superflus,
Maintenant je me cherche, et ne me trouve plus.
Mon arc, mes javelots, mon char, tout m'importune ;
550 Je ne me souviens plus des leçons de Neptune[5],
Mes seuls gémissements font retentir les bois,
Et mes coursiers[6] oisifs ont oublié ma voix.
Peut-être le récit d'un amour si sauvage
Vous fait, en m'écoutant, rougir de votre ouvrage.
555 D'un cœur qui s'offre à vous quel farouche[7] entretien !
Quel étrange captif pour un si beau lien !
Mais l'offrande à vos yeux en doit être plus chère.
Songez que je vous parle une langue étrangère[8].
Et ne rejetez pas des vœux mal exprimés,
560 Qu'Hippolyte sans vous n'aurait jamais formés.

---

notes

1. **le trait** : métaphore amoureuse désignant la blessure des flèches de Cupidon, dieu de l'Amour.
2. **je m'éprouve** : je me mets à l'épreuve ; je résiste.

3. **Tout vous livre à l'envi** : tout se ligue pour vous livrer.
4. **soins** : efforts.
5. **des leçons de Neptune** : l'équitation.

6. **coursiers** : chevaux.
7. **farouche** : rude, sauvage.
8. **étrangère** : jusqu'alors inconnue de moi.

Scène 3

HIPPOLYTE, ARICIE, THÉRAMÈNE, ISMÈNE

THÉRAMÈNE
Seigneur, la reine vient, et je l'ai devancée.
Elle vous cherche.

HIPPOLYTE
      Moi ?

THÉRAMÈNE
          J'ignore sa pensée.
Mais on vous est venu demander de sa part.
Phèdre veut vous parler avant votre départ.

HIPPOLYTE
565 Phèdre ? Que lui dirai-je ? Et que peut-elle attendre ?...

ARICIE
Seigneur, vous ne pouvez refuser de l'entendre[1].
Quoique trop convaincu de son inimitié,
Vous devez à ses pleurs quelque ombre de pitié.

HIPPOLYTE
Cependant[2] vous sortez. Et je pars. Et j'ignore
570 Si je n'offense point les charmes que j'adore !
J'ignore si ce cœur que je laisse en vos mains...

ARICIE
Partez, Prince, et suivez vos généreux desseins.
Rendez de mon pouvoir Athènes tributaire[3].
J'accepte tous les dons que vous me voulez faire.
575 Mais cet empire enfin si grand, si glorieux,
N'est pas de vos présents le plus cher à mes yeux.

notes

1. **entendre** : écouter.
2. **Cependant** : pendant ce temps.
3. **Rendez [...] tributaire** : rendez Athènes dépendante de mon pouvoir.

Scène 4

HIPPOLYTE, THÉRAMÈNE

HIPPOLYTE
Ami, tout est-il prêt ? Mais la reine s'avance.
Va, que pour le départ tout s'arme en diligence[1].
Fais donner le signal, cours, ordonne, et revien[2]
580   Me délivrer bientôt d'un fâcheux[3] entretien.

Scène 5

PHÈDRE, HIPPOLYTE, ŒNONE

PHÈDRE, *à Œnone*
Le voici. Vers mon cœur tout mon sang se retire.
J'oublie, en le voyant, ce que je viens lui dire.

ŒNONE
Souvenez-vous d'un fils qui n'espère qu'en vous.

PHÈDRE
On dit qu'un prompt départ vous éloigne de nous,
585   Seigneur. À vos douleurs je viens joindre mes larmes.
Je vous viens pour un fils expliquer mes alarmes[4].
Mon fils n'a plus de père : et le jour n'est pas loin
Qui de ma mort encor[5] doit le rendre témoin.
Déjà mille ennemis attaquent son enfance.
590   Vous seul pouvez contre eux embrasser sa défense[6].
Mais un secret remords agite mes esprits.
Je crains d'avoir fermé votre oreille à ses cris.

passage analysé

notes

1. tout s'arme en diligence : tout se prépare rapidement.
2. revien : licence orthographique poétique permettant la rime « pour l'œil » avec « *entretien* ».

3. fâcheux : pénible.
4. mes alarmes : mon inquiétude.

5. encor : en plus, en outre.
6. embrasser sa défense : prendre sa défense.

Je tremble que sur lui votre juste colère
Ne poursuive bientôt une odieuse mère.

HIPPOLYTE

595 Madame, je n'ai point des sentiments si bas.

PHÈDRE

Quand vous me haïriez, je ne m'en plaindrais pas,
Seigneur. Vous m'avez vue attachée à[1] vous nuire ;
Dans le fond de mon cœur vous ne pouviez pas lire.
À votre inimitié j'ai pris soin de m'offrir[2].
600 Aux bords que j'habitais je n'ai pu vous souffrir[3].
En public, en secret, contre vous déclarée,
J'ai voulu par des mers en être séparée[4] ;
J'ai même défendu, par une expresse loi,
Qu'on osât prononcer votre nom devant moi.
605 Si pourtant à l'offense on mesure la peine,
Si la haine peut seule attirer votre haine,
Jamais femme ne fut plus digne de pitié,
Et moins digne, Seigneur, de votre inimitié.

HIPPOLYTE

Des droits de ses enfants une mère jalouse
610 Pardonne rarement au fils d'une autre épouse.
Madame, je le sais. Les soupçons importuns
Sont d'un second hymen[5] les fruits les plus communs.
Toute autre aurait pour moi pris les mêmes ombrages,
Et j'en aurais peut-être essuyé plus d'outrages.

passage analysé

notes

1. **attachée à** : acharnée à.
2. **m'offrir** : m'exposer volontairement.
3. **Aux bords [...] souffrir** : sur les rivages que j'habitais je n'ai pu vous supporter.
4. **en être séparée** : être séparée de vous (emploi du pronom *en* impossible aujourd'hui pour représenter une personne).
5. **hymen** : mariage.

PHÈDRE

615 Ah ! Seigneur, que le ciel, j'ose ici l'attester,
De cette loi commune a voulu m'excepter !
Qu'un soin[1] bien différent me trouble et me dévore !

HIPPOLYTE

Madame, il n'est pas temps de vous troubler encore.
Peut-être votre époux voit encore le jour ;
620 Le ciel peut à nos pleurs accorder son retour.
Neptune le protège, et ce dieu tutélaire[2]
Ne sera pas en vain imploré par mon père.

PHÈDRE

On ne voit point deux fois le rivage des morts,
Seigneur. Puisque Thésée a vu les sombres bords,
625 En vain vous espérez qu'un dieu vous le renvoie,
Et l'avare Achéron[3] ne lâche point sa proie.
Que dis-je ? Il n'est point mort, puisqu'il respire en vous.
Toujours devant mes yeux je crois voir mon époux.
Je le vois, je lui parle ; et mon cœur... Je m'égare,
630 Seigneur, ma folle ardeur malgré moi se déclare.

HIPPOLYTE

Je vois de votre amour l'effet prodigieux.
Tout mort qu'il est, Thésée est présent à vos yeux ;
Toujours de son amour votre âme est embrasée.

PHÈDRE

Oui, Prince, je languis[4], je brûle pour Thésée.
635 Je l'aime, non point tel que l'ont vu les Enfers,
Volage[5] adorateur de mille objets[6] divers,

passage analysé

notes

1. un soin : une préoccupation, un souci.
2. Neptune [...] ce dieu tutélaire : Neptune était le protecteur de Thésée.

3. l'avare Achéron : le fleuve des Enfers désigne les Enfers, par métonymie. Il est « avare » parce qu'il garde les morts pour lui.

4. je languis : je souffre d'amour.
5. Volage : inconstant.
6. objets : femmes aimées (dans la langue classique).

Qui va du dieu des Morts déshonorer la couche[1] ;
Mais fidèle, mais fier, et même un peu farouche,
Charmant, jeune, traînant tous les cœurs après soi,
640 Tel qu'on dépeint nos dieux, ou tel que je vous voi.
Il avait votre port, vos yeux, votre langage,
Cette noble pudeur colorait son visage
Lorsque de notre Crète il traversa les flots,
Digne sujet des vœux des filles de Minos[2].
645 Que faisiez-vous alors ? Pourquoi, sans Hippolyte,
Des héros de la Grèce assembla-t-il l'élite ?
Pourquoi, trop jeune encor, ne pûtes-vous alors
Entrer dans le vaisseau qui le mit sur nos bords ?
Par vous aurait péri le monstre de la Crète,
650 Malgré tous les détours de sa vaste retraite[3].
Pour en développer l'embarras incertain[4],
Ma sœur du fil fatal[5] eût armé votre main.
Mais non, dans ce dessein je l'aurais devancée :
L'amour m'en eût d'abord[6] inspiré la pensée.
655 C'est moi, Prince, c'est moi dont l'utile secours
Vous eût du Labyrinthe enseigné les détours.
Que de soins m'eût coûtés cette tête charmante !
Un fil n'eût point assez rassuré votre amante[7].
Compagne du péril qu'il vous fallait chercher,
660 Moi-même devant vous j'aurais voulu marcher ;
Et Phèdre au Labyrinthe avec vous descendue
Se serait avec vous retrouvée, ou perdue.

passage analysé

notes

1. **Qui va [...] la couche :** Thésée était descendu aux Enfers pour aider son ami Pirithoüs à enlever Proserpine, femme de Pluton, dieu des Morts.
2. **filles de Minos :** Ariane et Phèdre.

3. **le monstre de la Crète, [...] sa vaste retraite :** le Minotaure prisonnier du Labyrinthe.
4. **Pour [...] incertain :** pour vous aider à sortir de cette situation inextricable.

5. **fil fatal :** allusion au fil donné par Ariane à Thésée.
6. **d'abord :** tout de suite, avant Ariane.
7. **votre amante :** celle qui vous aimait.

**Hippolyte et Phèdre (Denis Bernard et Sophie Clément),
Théâtre du Nouveau Monde, 1988.**

HIPPOLYTE

Dieux ! qu'est-ce que j'entends ! Madame, oubliez-vous
Que Thésée est mon père, et qu'il est votre époux ?

PHÈDRE

665 Et sur quoi jugez-vous que j'en perds la mémoire,
Prince ? Aurais-je perdu tout le soin de ma gloire[1] ?

HIPPOLYTE

Madame, pardonnez. J'avoue, en rougissant,
Que j'accusais à tort un discours innocent.
Ma honte ne peut plus soutenir votre vue ;
670 Et je vais...

PHÈDRE

             Ah ! cruel, tu m'as trop entendue[2].
Je t'en ai dit assez pour te tirer d'erreur.
Hé bien ! connais donc Phèdre et toute sa fureur[3].
J'aime. Ne pense pas qu'au moment que je t'aime,
Innocente à mes yeux, je m'approuve moi-même ;
675 Ni que du fol amour qui trouble ma raison
Ma lâche complaisance ait nourri le poison.
Objet infortuné des vengeances célestes,
Je m'abhorre[4] encor plus que tu ne me détestes.
Les dieux m'en sont témoins, ces dieux qui dans mon flanc,
680 Ont allumé le feu fatal à tout mon sang,
Ces dieux qui se sont fait une gloire cruelle
De séduire[5] le cœur d'une faible mortelle.
Toi-même en ton esprit rappelle le passé.
C'est peu de t'avoir fui, cruel, je t'ai chassé.
685 J'ai voulu te paraître odieuse, inhumaine ;

notes

1. **le soin de ma gloire** : le souci de mon honneur.
2. **trop entendue** : trop bien comprise.
3. **toute sa fureur** : sa folie amoureuse.
4. **Je m'abhorre** : je me hais.
5. **séduire** : perdre, détourner du droit chemin.

Pour mieux te résister, j'ai recherché ta haine.
De quoi m'ont profité mes inutiles soins ?
Tu me haïssais plus, je ne t'aimais pas moins.
Tes malheurs te prêtaient encor de nouveaux charmes[1].
690 J'ai langui, j'ai séché, dans les feux, dans les larmes.
Il suffit de tes yeux pour t'en persuader,
Si tes yeux un moment pouvaient me regarder.
Que dis-je ? Cet aveu que je te viens de faire,
Cet aveu si honteux, le crois-tu volontaire ?
695 Tremblante pour un fils que je n'osais trahir,
Je te venais prier de ne le point haïr.
Faibles projets d'un cœur trop plein de ce qu'il aime !
Hélas ! je ne t'ai pu parler que de toi-même.
Venge-toi, punis-moi d'un odieux amour.
700 Digne fils du héros qui t'a donné le jour,
Délivre l'univers d'un monstre qui t'irrite.
La veuve de Thésée ose aimer Hippolyte !
Crois-moi, ce monstre affreux ne doit point t'échapper.
Voilà mon cœur. C'est là que ta main doit frapper.
705 Impatient déjà d'expier son offense,
Au-devant de ton bras je le[2] sens qui s'avance.
Frappe. Ou si tu le crois indigne de tes coups,
Si ta haine m'envie[3] un supplice si doux,
Ou si d'un sang trop vil ta main serait trempée,
710 Au défaut de ton bras prête-moi ton épée.
Donne[4].

passage analysé

notes

1. charmes : pouvoirs de séduction.
2. le : représente « *mon cœur* ».

3. m'envie : me refuse.
4. Donne : Phèdre arrache son épée à Hippolyte.

79

ŒNONE

Que faites-vous, Madame ? Justes dieux !
Mais on vient. Évitez des témoins odieux ;
Venez, rentrez, fuyez une honte certaine.

**Œnone et Phèdre (Denise Gagnon et Lorraine Côté),
mise en scène de Martin Genest,
Théâtre de la Bordée, 2007.**

Scène 6 HIPPOLYTE, THÉRAMÈNE

THÉRAMÈNE
Est-ce Phèdre qui fuit, ou plutôt qu'on entraîne ?
715 Pourquoi, Seigneur, pourquoi ces marques de douleur ?
Je vous vois sans épée, interdit[1], sans couleur.

HIPPOLYTE
Théramène, fuyons. Ma surprise est extrême.
Je ne puis sans horreur me regarder moi-même.
Phèdre... Mais non, grands dieux ! qu'en un profond oubli
720 Cet horrible secret demeure enseveli.

THÉRAMÈNE
Si vous voulez partir, la voile est préparée.
Mais Athènes, Seigneur, s'est déjà déclarée.
Ses chefs ont pris les voix de toutes ses tribus[2].
Votre frère l'emporte, et Phèdre a le dessus.

HIPPOLYTE
725 Phèdre ?

THÉRAMÈNE
        Un héraut[3] chargé des volontés d'Athènes
De l'État en ses mains vient remettre les rênes.
Son fils est roi, Seigneur.

HIPPOLYTE
              Dieux, qui la connaissez,
Est-ce donc sa vertu que vous récompensez ?

notes

1. interdit : incapable de parler, bouleversé.

2. ont pris [...] tribus : ont consulté par vote les dix tribus d'Athènes.

3. héraut : messager.

THÉRAMÈNE
Cependant un bruit sourd veut que le roi respire.
730 On prétend que Thésée a paru dans l'Épire[1].
Mais moi qui l'y cherchai, Seigneur, je sais trop bien...

HIPPOLYTE
N'importe, écoutons tout, et ne négligeons rien.
Examinons ce bruit, remontons à sa source.
S'il ne mérite pas d'interrompre ma course[2],
735 Partons ; et quelque prix qu'il en puisse coûter,
Mettons le sceptre aux mains dignes de le porter[3].

**Théramène (Réjean Vallée),
Théâtre de la Bordée, 2007.**

notes

1. **Épire** : région au nord-
ouest de la Grèce, où l'on
situait les Enfers.

2. **ma course** : mon départ.
3. **aux mains [...] porter** :
désigne les mains d'Aricie.

82

Acte III

Scène 1

PHÈDRE, ŒNONE

PHÈDRE
Ah ! que l'on porte ailleurs les honneurs[1] qu'on m'envoie.
Importune, peux-tu souhaiter qu'on me voie ?
De quoi viens-tu flatter[2] mon esprit désolé ?
740 Cache-moi bien plutôt : je n'ai que trop parlé.
Mes fureurs au-dehors ont osé se répandre.
J'ai dit ce que jamais on ne devait entendre[3].
Ciel ! comme il m'écoutait ! Par combien de détours
L'insensible a longtemps éludé mes discours !
745 Comme il ne respirait qu'une retraite prompte[4] !
Et combien sa rougeur a redoublé ma honte !

notes ....

1. honneurs : attributs royaux.
2. flatter : tromper par des conseils flatteurs.

3. jamais on ne devait entendre : jamais on n'aurait dû entendre.

4. ne respirait qu'une retraite prompte : n'aspirait qu'à partir rapidement.

Pourquoi détournais-tu mon funeste dessein[1] ?
Hélas ! quand son épée allait chercher mon sein,
A-t-il pâli pour moi ? me l'a-t-il arrachée ?
750 Il suffit que ma main l'ait une fois touchée,
Je l'ai rendue horrible à ses yeux inhumains ;
Et ce fer malheureux profanerait ses mains.

ŒNONE

Ainsi, dans vos malheurs ne songeant qu'à vous plaindre,
Vous nourrissez un feu qu'il vous faudrait éteindre.
755 Ne vaudrait-il pas mieux, digne sang de Minos,
Dans de plus nobles soins[2] chercher votre repos,
Contre un ingrat qui plaît recourir à la fuite,
Régner[3], et de l'État embrasser la conduite[4] ?

PHÈDRE

Moi régner ! Moi ranger un État sous ma loi,
760 Quand ma faible raison ne règne plus sur moi !
Lorsque j'ai de mes sens abandonné l'empire !
Quand sous un joug[5] honteux à peine je respire !
Quand je me meurs !

ŒNONE

　　　　　　　　Fuyez.

PHÈDRE

　　　　　　　　　　　Je ne le puis quitter.

ŒNONE

Vous l'osâtes bannir, vous n'osez l'éviter ?

notes ....

1. mon funeste dessein :
mon projet de me tuer.
2. soins : préoccupations.

3. Contre un ingrat [...]
Régner : régner contre un
ingrat qui se plaît à recourir
à la fuite.

4. de l'État embrasser la
conduite : se consacrer à la
direction de l'État.
5. un joug : une domination.

PHÈDRE

765 Il n'est plus temps. Il sait mes ardeurs[1] insensées.
De l'austère pudeur les bornes sont passées.
J'ai déclaré ma honte aux yeux de mon vainqueur,
Et l'espoir, malgré moi, s'est glissé dans mon cœur.
Toi-même, rappelant ma force défaillante,
770 Et mon âme déjà sur mes lèvres errante,
Par tes conseils flatteurs, tu m'as su ranimer.
Tu m'as fait entrevoir que je pouvais l'aimer.

ŒNONE

Hélas ! de vos malheurs innocente ou coupable[2],
De quoi pour vous sauver n'étais-je point capable ?
775 Mais si jamais l'offense irrita vos esprits[3],
Pouvez-vous d'un superbe[4] oublier les mépris ?
Avec quels yeux cruels sa rigueur obstinée
Vous laissait à ses pieds peu s'en faut prosternée !
Que son farouche orgueil le rendait odieux !
780 Que[5] Phèdre en ce moment n'avait-elle mes yeux !

PHÈDRE

Œnone, il peut quitter cet orgueil qui te blesse.
Nourri[6] dans les forêts, il en a la rudesse.
Hippolyte, endurci par de sauvages lois,
Entend parler d'amour pour la première fois.
785 Peut-être sa surprise a causé son silence ;
Et nos plaintes peut-être ont trop de violence.

ŒNONE

Songez qu'une barbare[7] en son sein l'a formé.

notes

1. ardeurs : passion.
2. innocente ou coupable : adjectifs épithètes détachés de « vous » au vers suivant ; Que vous soyez innocente ou coupable de vos malheurs, de quoi n'étais-je

point capable pour vous sauver ?
3. Mais si jamais l'offense irrita vos esprits : s'il vous est jamais arrivé d'être irritée par une offense.

4. superbe : orgueilleux.
5. Que : pourquoi (exprime le regret).
6. Nourri : élevé.
7. une barbare : l'Amazone Antiope.

85

PHÈDRE

Quoique scythe[1] et barbare, elle a pourtant aimé.

ŒNONE

Il a pour tout le sexe[2] une haine fatale.

PHÈDRE

Je ne me verrai point préférer de rivale.

790 Enfin tous tes conseils ne sont plus de saison.

Sers ma fureur[3], Œnone, et non point ma raison.

Il oppose à l'amour un cœur inaccessible :

Cherchons pour l'attaquer quelque endroit plus sensible.

Les charmes d'un empire ont paru le toucher ;

795 Athènes l'attirait ; il n'a pu s'en cacher ;

Déjà de ses vaisseaux la pointe était tournée,

Et la voile flottait aux vents abandonnée.

Va trouver de ma part ce jeune ambitieux,

Œnone ; fais briller la couronne à ses yeux,

800 Qu'il mette sur son front le sacré diadème ;

Je ne veux que l'honneur de l'attacher moi-même.

Cédons-lui ce pouvoir que je ne puis garder.

Il instruira mon fils dans l'art de commander ;

Peut-être il voudra bien lui tenir lieu de père.

805 Je mets sous son pouvoir et le fils et la mère.

Pour le fléchir enfin tente tous les moyens :

Tes discours trouveront plus d'accès que les miens.

Presse, pleure, gémis ; plains-lui Phèdre mourante ;

Ne rougis point de prendre une voix suppliante.

810 Je t'avouerai de tout[4] ; je n'espère qu'en toi.

Va : j'attends ton retour pour disposer de moi.

---

notes ....

1. **scythe** : les Scythes étaient un peuple de la mer Noire célèbre pour sa barbarie.

2. **tout le sexe** : toutes les femmes.

3. **fureur** : passion.

4. **Je t'avouerai de tout** : je te soutiendrai en tout.

Phèdre (Lorraine Côté),
Théâtre de la Bordée, 2007.

Scène 2

PHÈDRE, *seule*

Ô toi, qui vois la honte où je suis descendue,
Implacable Vénus, suis-je assez confondue[1] ?
815   Tu ne saurais plus loin pousser ta cruauté.
Ton triomphe est parfait, tous les traits ont porté.
Cruelle, si tu veux une gloire nouvelle,
Attaque un ennemi qui te soit plus rebelle.
Hippolyte te fuit ; et bravant ton courroux,
820   Jamais à tes autels n'a fléchi les genoux.
Ton nom semble offenser ses superbes oreilles.
Déesse, venge-toi : nos causes sont pareilles.
Qu'il aime... Mais déjà tu reviens sur tes pas.
Œnone ! On[2] me déteste, on ne t'écoute pas.

Scène 3

PHÈDRE, ŒNONE

ŒNONE

825   Il faut d'un vain amour[3] étouffer la pensée,
Madame. Rappelez votre vertu passée :
Le roi, qu'on a cru mort, va paraître à vos yeux ;
Thésée est arrivé, Thésée est en ces lieux.
Le peuple, pour le voir, court et se précipite.
830   Je sortais par votre ordre, et cherchais Hippolyte,
Lorsque jusques au ciel mille cris élancés[4]...

notes

1. **confondue** : humiliée.
2. **On** : pronom qui désigne Hippolyte.
3. **un vain amour** : un amour impossible.
4. **élancés** : poussés.

PHÈDRE

Mon époux est vivant, Œnone, c'est assez.
J'ai fait l'indigne aveu d'un amour qui l'outrage ;
Il vit : je ne veux pas en savoir davantage.

ŒNONE

835 Quoi ?

PHÈDRE

Je te l'ai prédit ; mais tu n'as pas voulu.
Sur mes justes remords tes pleurs ont prévalu.
Je mourais[1] ce matin digne d'être pleurée ;
J'ai suivi tes conseils, je meurs déshonorée.

ŒNONE

Vous mourez ?

PHÈDRE

Juste ciel ! qu'ai-je fait aujourd'hui ?
840 Mon époux va paraître, et son fils avec lui.
Je verrai le témoin de ma flamme adultère[2]
Observer de quel front[3] j'ose aborder son père,
Le cœur gros de soupirs qu'il n'a point écoutés,
L'œil humide de pleurs par l'ingrat rebutés[4].
845 Penses-tu que, sensible à l'honneur de Thésée,
Il lui cache l'ardeur dont je suis embrasée ?
Laissera-t-il trahir et son père et son roi ?
Pourra-t-il contenir l'horreur qu'il a pour moi ?
Il se tairait en vain. Je sais mes perfidies[5],
850 Œnone, et ne suis point de ces femmes hardies[6]

notes

1. **Je mourais** : je serais morte.
2. **ma flamme adultère** : mon amour infidèle.
3. **de quel front** : avec quelle attitude.
4. **par l'ingrat rebutés** : repoussés par l'ingrat (qui n'a pas répondu à mon amour).
5. **perfidies** : trahisons envers la fidélité.
6. **hardies** : impudentes, sans scrupule.

Qui goûtant dans le crime une tranquille paix,
Ont su se faire un front qui ne rougit jamais.
Je connais mes fureurs, je les rappelle toutes[1].
Il me semble déjà que ces murs, que ces voûtes
855 Vont prendre la parole, et prêts à m'accuser,
Attendent mon époux pour le désabuser.
Mourons. De tant d'horreurs qu'un trépas me délivre.
Est-ce un malheur si grand que de cesser de vivre ?
La mort aux malheureux ne cause point d'effroi.
860 Je ne crains que le nom[2] que je laisse après moi.
Pour mes tristes[3] enfants quel affreux héritage !
Le sang de Jupiter doit enfler leur courage[4] ;
Mais quelque juste orgueil qu'inspire un sang si beau,
Le crime d'une mère est un pesant fardeau.
865 Je tremble qu'un discours, hélas ! trop véritable,
Un jour ne leur reproche une mère coupable.
Je tremble qu'opprimés de ce poids odieux
L'un ni l'autre jamais n'ose lever les yeux.

ŒNONE

Il n'en faut point douter, je les plains l'un et l'autre ;
870 Jamais crainte ne fut plus juste que la vôtre.
Mais à de tels affronts pourquoi les exposer ?
Pourquoi contre vous-même allez-vous déposer[5] ?
C'en est fait : on dira que Phèdre, trop coupable,
De son époux trahi fuit l'aspect redoutable.
875 Hippolyte est heureux qu'aux dépens de vos jours
Vous-même en expirant appuyez[6] ses discours.
À votre accusateur que pourrai-je répondre ?
Je serai devant lui trop facile à confondre.

notes ....

1. **je les rappelle toutes** : je
me les rappelle toutes, j'en
ai conscience.
2. **le nom** : la réputation.

3. **tristes** : malheureux.
4. **enfler leur courage** :
augmenter leur orgueil (car
Jupiter est leur ancêtre).

5. **déposer** : faire une
déposition, témoigner
(en justice).
6. **appuyez** : confirmiez.

90

De son triomphe affreux je le verrai jouir,
880   Et conter votre honte à qui voudra l'ouïr.
Ah ! que plutôt du ciel la flamme me dévore !
Mais ne me trompez point, vous est-il cher encore ?
De quel œil voyez-vous ce prince audacieux ?

PHÈDRE

Je le vois comme un monstre effroyable à mes yeux.

ŒNONE

885   Pourquoi donc lui céder une victoire entière ?
Vous le craignez. Osez l'accuser la première
Du crime dont il peut vous charger aujourd'hui.
Qui vous démentira ? Tout parle contre lui :
Son épée en vos mains heureusement laissée[1],
890   Votre trouble présent, votre douleur passée,
Son père par vos cris dès longtemps prévenu[2],
Et déjà son exil par vous-même obtenu.

PHÈDRE

Moi, que j'ose opprimer et noircir l'innocence ?

ŒNONE

Mon zèle n'a besoin que de votre silence.
895   Tremblante comme vous, j'en sens quelque remords.
Vous me verriez plus prompte affronter mille morts.
Mais puisque je vous perds sans ce triste[3] remède,
Votre vie est pour moi d'un prix à qui tout cède.
Je parlerai. Thésée, aigri[4] par mes avis,
900   Bornera sa vengeance à l'exil de son fils.
Un père en punissant, Madame, est toujours père :
Un supplice léger suffit à sa colère.

---

notes

1. **heureusement laissée :** laissée par bonheur, par chance.

2. **par vos cris dès longtemps prévenu :** depuis longtemps mal disposé à son égard par vos plaintes.

3. **triste :** mortel, funeste.

4. **aigri :** irrité.

Mais le sang innocent dût-il être versé,

Que ne demande point votre honneur menacé ?

905   C'est un trésor trop cher pour oser le commettre[1].

Quelque loi qu'il vous dicte, il faut vous y soumettre,

Madame ; et pour sauver notre honneur combattu[2],

Il faut immoler[3] tout, et même la vertu.

On vient ; je vois Thésée.

PHÈDRE

                    Ah ! je vois Hippolyte ;

910   Dans ses yeux insolents je vois ma perte écrite.

Fais ce que tu voudras, je m'abandonne à toi.

Dans le trouble[4] où je suis, je ne puis rien pour moi.

Scène 4

THÉSÉE, HIPPOLYTE, PHÈDRE,
ŒNONE, THÉRAMÈNE

THÉSÉE

La fortune[5] à mes vœux[6] cesse d'être opposée,

Madame ; et dans vos bras met...

PHÈDRE

                    Arrêtez, Thésée,

915   Et ne profanez point des transports[7] si charmants.

Je ne mérite plus ces doux empressements.

Vous êtes offensé. La fortune jalouse

N'a pas en votre absence épargné votre épouse.

Indigne de vous plaire et de vous approcher,

920   Je ne dois désormais songer qu'à me cacher.

---

notes

1. **le commettre** : le risquer, l'exposer.
2. **honneur combattu** : honneur menacé.
3. **immoler** : sacrifier.
4. **le trouble** : le désarroi, l'affolement.
5. **La fortune** : le destin.
6. **vœux** : désirs amoureux.
7. **transports** : manifestations d'amour.

Acte III, scène 5

Scène 5

THÉSÉE, HIPPOLYTE,
THÉRAMÈNE

THÉSÉE

Quel est l'étrange accueil qu'on fait à votre père,
Mon fils ?

HIPPOLYTE

      Phèdre peut seule expliquer ce mystère.
Mais si mes vœux ardents vous peuvent émouvoir,
Permettez-moi, Seigneur, de ne la plus revoir ;
925 Souffrez que pour jamais le tremblant Hippolyte
Disparaisse des lieux que votre épouse habite.

THÉSÉE

Vous, mon fils, me quitter ?

HIPPOLYTE

              Je ne la cherchais pas :
C'est vous qui sur ces bords conduisîtes ses pas,
Vous daignâtes, Seigneur, aux rives de Trézène[1]
930 Confier en partant Aricie et la reine.
Je fus même chargé du soin de les garder.
Mais quels soins[2] désormais peuvent me retarder ?
Assez dans les forêts mon oisive jeunesse
Sur de vils ennemis a montré son adresse.
935 Ne pourrai-je, en fuyant un indigne repos,
D'un sang plus glorieux teindre mes javelots ?
Vous n'aviez pas encore atteint l'âge où je touche,
Déjà plus d'un tyran, plus d'un monstre farouche[3]
Avait de votre bras senti la pesanteur ;
940 Déjà, de l'insolence heureux persécuteur[4],

notes

1. Trézène : port du Péloponnèse où Thésée était venu se reposer après le massacre des Pallantides, frères d'Aricie. C'est là que se passe la pièce.
2. quels soins : quelles obligations.
3. farouche : féroce.
4. heureux persécuteur : qui a pourchassé avec succès, heureux vainqueur.

Vous aviez des deux mers assuré les rivages[1].
Le libre voyageur ne craignait plus d'outrages ;
Hercule, respirant sur le bruit de vos coups[2],
Déjà de son travail se reposait sur vous.
945 Et moi, fils inconnu d'un si glorieux père,
Je suis même encor[3] loin des traces de ma mère.
Souffrez que mon courage ose enfin s'occuper.
Souffrez, si quelque monstre a pu vous échapper,
Que j'apporte à vos pieds sa dépouille honorable,
950 Ou que d'un beau trépas la mémoire durable,
Éternisant des jours si noblement finis,
Prouve à tout l'univers que j'étais votre fils.

THÉSÉE
Que vois-je ? Quelle horreur dans ces lieux répandue
Fait fuir devant mes yeux ma famille éperdue ?
955 Si je reviens si craint et si peu désiré,
Ô ciel, de ma prison pourquoi m'as-tu tiré ?
Je n'avais qu'un ami[4]. Son imprudente flamme
Du tyran de l'Épire allait ravir la femme,
Je servais à regret ses desseins amoureux ;
960 Mais le sort irrité nous aveuglait tous deux.
Le tyran m'a surpris sans défense et sans armes.
J'ai vu Pirithoüs, triste objet de mes larmes,
Livré par ce barbare à des monstres cruels[5]
Qu'il nourrissait du sang des malheureux mortels.
965 Moi-même, il m'enferma dans des cavernes sombres,
Lieux profonds, et voisins de l'empire des ombres.
Les dieux, après six mois, enfin m'ont regardé[6] :

notes ....

1. des deux mers assuré les rivages : rendu sûrs les rivages des deux mers (la mer Ionienne et la mer Égée).	**2. Hercule, [...] vos coups** : Hercule soulagé par l'annonce de vos exploits. **3. encor** : encore. **4. un ami** : Pirithoüs.	**5. des monstres cruels** : le tyran fit dévorer Pirithoüs par ses chiens. **6. m'ont regardé** : se sont intéressés à moi.

J'ai su tromper les yeux de qui j'étais gardé[1].
D'un perfide ennemi j'ai purgé[2] la nature ;
970　À ses monstres lui-même a servi de pâture ;
Et lorsque avec transport je pense m'approcher
De tout ce que les dieux m'ont laissé de plus cher ;
Que dis-je ? quand mon âme, à soi-même rendue,
Vient se rassasier d'une si chère vue,
975　Je n'ai pour tout accueil que des frémissements :
Tout fuit, tout se refuse à mes embrassements.
Et moi-même, éprouvant la terreur que j'inspire,
Je voudrais être encor dans les prisons d'Épire.
Parlez. Phèdre se plaint que je suis outragé.
980　Qui m'a trahi ? Pourquoi ne suis-je pas vengé ?
La Grèce, à qui mon bras fut tant de fois utile,
A-t-elle au criminel accordé quelque asile ?
Vous ne répondez point. Mon fils, mon propre fils
Est-il d'intelligence avec[3] mes ennemis ?
985　Entrons. C'est trop garder un doute qui m'accable.
Connaissons à la fois le crime et le coupable.
Que Phèdre explique enfin le trouble où je la voi.

---

notes

1. de qui j'étais gardé : de ceux par qui j'étais gardé. | **2. purgé :** débarrassé. | **3. d'intelligence avec :** de connivence avec.

Scène 6

HIPPOLYTE, THÉRAMÈNE

HIPPOLYTE

Où tendait ce discours qui m'a glacé d'effroi ?
Phèdre, toujours en proie à sa fureur extrême,
990 Veut-elle s'accuser et se perdre elle-même ?
Dieu ! que dira le roi ? Quel funeste[1] poison
L'amour a répandu sur toute sa maison !
Moi-même, plein d'un feu que sa haine réprouve[2],
Quel il m'a vu jadis, et quel[3] il me retrouve !
995 De noirs pressentiments viennent m'épouvanter.
Mais l'innocence enfin n'a rien à redouter.
Allons, cherchons ailleurs par quelle heureuse adresse[4]
Je pourrai de mon père émouvoir la tendresse,
Et lui dire un amour qu'il peut vouloir troubler,
1000 Mais que tout son pouvoir ne saurait ébranler.

notes

1. **funeste :** mortel.
2. **plein [...] réprouve :** plein d'un amour (pour Aricie) interdit par la haine de Thésée.
3. **Quel [...] quel :** dans quel état. Les deux « *quel* » s'opposent.
4. **adresse :** ruse.

Acte IV

Scène 1

THÉSÉE, ŒNONE

THÉSÉE

Ah ! qu'est-ce que j'entends[1] ? Un traître, un téméraire
Préparait cet outrage à l'honneur de son père ?
Avec quelle rigueur, destin, tu me poursuis !
Je ne sais où je vais, je ne sais où je suis.
1005 Ô tendresse ! ô bonté trop mal récompensée !
Projet audacieux ! détestable pensée !
Pour parvenir au but de ses noires amours,
L'insolent de la force empruntait le secours.
J'ai reconnu le fer, instrument de sa rage[2],
1010 Ce fer dont je l'armai pour un plus noble usage.
Tous les liens du sang n'ont pu le retenir ?

notes ....

1. j'entends : j'apprends.
2. le fer, instrument de sa rage : l'épée (d'Hippolyte,
arrachée et gardée par Phèdre), instrument de sa passion violente.

Et Phèdre différait à le faire punir ?
Le silence de Phèdre épargnait le coupable ?

ŒNONE
Phèdre épargnait plutôt un père déplorable[1].
1015 Honteuse du dessein d'un amant furieux[2]
Et du feu criminel qu'il a pris dans ses yeux[3],
Phèdre mourait, Seigneur, et sa main meurtrière
Éteignait de ses yeux l'innocente lumière.
J'ai vu lever le bras, j'ai couru la sauver.
1020 Moi seule à votre amour j'ai su la conserver ;
Et plaignant à la fois son trouble et vos alarmes[4],
J'ai servi, malgré moi, d'interprète à ses larmes.

THÉSÉE
Le perfide ! Il n'a pu s'empêcher de pâlir.
De crainte, en m'abordant, je l'ai vu tressaillir.
1025 Je me suis étonné de son peu d'allégresse ;
Ses froids embrassements ont glacé ma tendresse.
Mais ce coupable amour dont il est dévoré
Dans Athènes déjà s'était-il déclaré ?

ŒNONE
Seigneur, souvenez-vous des plaintes de la reine.
1030 Un amour criminel causa toute sa haine.

THÉSÉE
Et ce feu dans Trézène[5] a donc recommencé ?

ŒNONE
Je vous ai dit, Seigneur, tout ce qui s'est passé.
C'est trop laisser la reine à sa douleur mortelle ;
Souffrez que je vous quitte et me range[6] auprès d'elle.

notes

1. **déplorable** : qui mérite d'être plaint.
2. **dessein d'un amant furieux** : tentative d'un amoureux fou de passion.
3. **qu'il a pris dans ses yeux** : qui l'a saisi à sa vue.
4. **alarmes** : inquiétudes.
5. **Trézène** : port du Péloponnèse où se déroule la pièce.
6. **me range** : reprenne ma place.

Scène 2 THÉSÉE, HIPPOLYTE

THÉSÉE

1035 Ah ! le voici. Grands dieux ! à ce noble maintien
Quel œil ne serait pas trompé comme le mien ?
Faut-il que sur le front d'un profane adultère[1]
Brille de la vertu le sacré caractère[2] ?
Et ne devrait-on pas à des signes certains
1040 Reconnaître le cœur des perfides humains ?

HIPPOLYTE

Puis-je vous demander quel funeste[3] nuage,
Seigneur, a pu troubler votre auguste[4] visage ?
N'osez-vous confier ce secret à ma foi[5] ?

THÉSÉE

Perfide, oses-tu bien te montrer devant moi ?
1045 Monstre, qu'a trop longtemps épargné le tonnerre,
Reste impur des brigands dont j'ai purgé la Terre !
Après que le transport d'un amour plein d'horreur
Jusqu'au lit de ton père a porté sa fureur[6],
Tu m'oses présenter une tête[7] ennemie,
1050 Tu parais dans des lieux pleins de ton infamie,
Et ne vas pas chercher, sous un ciel inconnu,
Des pays où mon nom ne soit point parvenu !
Fuis, traître. Ne viens point braver ici ma haine
Et tenter un courroux que je retiens à peine[8].
1055 C'est bien assez pour moi de l'opprobre[9] éternel
D'avoir pu mettre au jour un fils si criminel,

passage analysé

notes

1. **un profane adultère :** un homme qui, par l'adultère, a souillé les liens sacrés du mariage.
2. **de la vertu [...] caractère :** la marque sacrée de la vertu.
3. **funeste :** mortel, de mauvais augure.
4. **auguste :** vénérable.
5. **foi :** loyauté.
6. **fureur :** passion folle.
7. **tête :** personne.
8. **à peine :** avec peine.
9. **l'opprobre :** la honte.

Sans que ta mort encor[1], honteuse à ma mémoire,
De mes nobles travaux[2] vienne souiller la gloire,
Fuis ; et si tu ne veux qu'un châtiment soudain
1060 T'ajoute aux scélérats qu'a punis cette main,
Prends garde que jamais l'astre qui nous éclaire
Ne te voie en ces lieux mettre un pied téméraire.
Fuis, dis-je ; et sans retour précipitant tes pas,
De ton horrible aspect purge[3] tous mes États.
1065 Et toi, Neptune, et toi, si jadis mon courage
D'infâmes assassins nettoya ton rivage,
Souviens-toi que pour prix de mes efforts heureux,
Tu promis d'exaucer le premier de mes vœux.
Dans les longues rigueurs d'une prison cruelle.
1070 Je n'ai point imploré ta puissance immortelle.
Avare du secours[4] que j'attends de tes soins,
Mes vœux t'ont réservé pour de plus grands besoins :
Je t'implore aujourd'hui. Venge un malheureux père.
J'abandonne ce traître à toute ta colère ;
1075 Étouffe dans son sang ses désirs effrontés :
Thésée à tes fureurs connaîtra[5] tes bontés.

HIPPOLYTE

D'un amour criminel Phèdre accuse Hippolyte !
Un tel excès d'horreur rend mon âme interdite[6],
Tant de coups imprévus m'accablent à la fois,
1080 Qu'ils m'ôtent la parole et m'étouffent la voix.

THÉSÉE

Traître, tu prétendais qu'en un lâche silence
Phèdre ensevelirait ta brutale insolence.

passage analysé

---

notes

1. **encor** : encore.
2. **nobles travaux** : exploits.
3. **purge** : débarrasse.

4. **Avare du secours** : ayant gardé précieusement l'occasion de demander ton secours.

5. **connaîtra** : reconnaîtra.
6. **interdite** : stupéfaite.

Il fallait, en fuyant, ne pas abandonner
1085 Le fer qui dans ses mains aide à te condamner ;
Ou plutôt il fallait, comblant[1] ta perfidie,
Lui ravir tout d'un coup[2] la parole et la vie.

HIPPOLYTE
D'un mensonge si noir justement irrité,
Je devrais faire ici parler la vérité,
1090 Seigneur ; mais je supprime[3] un secret qui vous touche.
Approuvez le respect qui me ferme la bouche ;
Et sans vouloir vous-même augmenter vos ennuis[4],
Examinez ma vie, et songez qui je suis.
Quelques crimes toujours précèdent les grands crimes.
1095 Quiconque a pu franchir les bornes légitimes[5]
Peut violer enfin[6] les droits les plus sacrés ;
Ainsi que la vertu, le crime a ses degrés ;
Et jamais on n'a vu la timide innocence
Passer subitement à l'extrême licence[7].
1100 Un jour seul ne fait point d'un mortel vertueux
Un perfide assassin, un lâche incestueux.
Élevé dans le sein d'une chaste héroïne,
Je n'ai point de son sang démenti l'origine.
Pitthée, estimé sage entre tous les humains,
1105 Daigna m'instruire encore au sortir de ses mains[8].
Je ne veux point me peindre avec trop d'avantage ;
Mais si quelque vertu m'est tombée en partage,
Seigneur, je crois surtout avoir fait éclater[9]
La haine des forfaits qu'on ose m'imputer.

passage analysé

notes ....

1. comblant : achevant, mettant le comble à.

2. tout d'un coup : d'un même coup, ensemble.

3. supprime : tais.

4. ennuis : tourments (sens fort).

5. bornes légitimes : limites fixées par les lois.

6. enfin : à la fin.

7. à l'extrême licence : au comble de la débauche.

8. au sortir de ses mains : quand je sortis des mains

d'Antiope (la chaste héroïne).

9. avoir fait éclater : avoir manifesté publiquement.

1110 C'est par là qu'Hippolyte est connu dans la Grèce.
J'ai poussé la vertu jusques à la rudesse.
On sait de mes chagrins[1] l'inflexible rigueur.
Le jour n'est pas plus pur que le fond de mon cœur.
Et l'on veut qu'Hippolyte, épris d'un feu profane...

THÉSÉE

1115 Oui, c'est ce même orgueil, lâche ! qui te condamne.
Je vois de tes froideurs le principe[2] odieux :
Phèdre seule charmait[3] tes impudiques yeux ;
Et pour tout autre objet[4] ton âme indifférente
Dédaignait de brûler d'une flamme innocente.

HIPPOLYTE

1120 Non, mon père, ce[5] cœur, c'est trop vous le celer[6],
N'a point d'un chaste amour dédaigné de brûler.
Je confesse à vos pieds ma véritable offense :
J'aime ; j'aime, il est vrai, malgré votre défense,
Aricie à ses lois tient mes vœux asservis[7] ;
1125 La fille de Pallante a vaincu votre fils.
Je l'adore, et mon âme, à vos ordres rebelle,
Ne peut ni soupirer ni brûler que pour elle.

THÉSÉE

Tu l'aimes ? ciel ! Mais non, l'artifice est grossier.
Tu te feins criminel pour te justifier.

HIPPOLYTE

1130 Seigneur, depuis six mois je l'évite, et je l'aime :
Je venais en tremblant vous le dire à vous-même.
Hé quoi ? de votre erreur rien ne vous peut tirer ?

passage analysé

notes ....

1. de mes chagrins : de ma vertu austère.
2. le principe : la cause, la source.

3. charmait : attirait (comme un charme magique).
4. objet : femme.
5. ce : mon.

6. celer : cacher.
7. Aricie [...] asservis : Aricie tient mon amour captif.

Par quel affreux[1] serment faut-il vous rassurer ?
Que la terre, le ciel, que toute la nature...

THÉSÉE

1135 Toujours les scélérats ont recours au parjure.
Cesse, cesse, et m'épargne un importun discours,
Si ta fausse vertu n'a point d'autre secours.

HIPPOLYTE

Elle vous paraît fausse et pleine d'artifice.
Phèdre au fond de son cœur me rend plus de justice.

THÉSÉE

Ah ! que ton impudence excite mon courroux !

1140 HIPPOLYTE

Quel temps à mon exil, quel lieu prescrivez-vous ?

THÉSÉE

Fusses-tu par-delà les colonnes d'Alcide[2],
Je me croirais encor trop voisin d'un perfide.

HIPPOLYTE

Chargé du crime affreux dont vous me soupçonnez,
Quels amis me plaindront, quand vous m'abandonnez ?

1145 THÉSÉE

Va chercher des amis dont l'estime funeste
Honore l'adultère, applaudisse à l'inceste,
Des traîtres, des ingrats, sans honneur et sans loi,
Dignes de protéger un méchant[3] tel que toi.

passage analysé

notes
----

1. affreux : terrible.
2. les colonnes d'Alcide :
les colonnes d'Hercule
(ou détroit de Gibraltar),
limite extrême des voyages

d'Hercule, considérées dans
l'Antiquité comme le bord
du monde.
3. méchant : scélérat.

HIPPOLYTE

Vous me parlez toujours d'inceste et d'adultère ?

1150 Je me tais. Cependant Phèdre sort d'une mère,

Phèdre est d'un sang, Seigneur, vous le savez trop bien,

De toutes ces horreurs plus rempli que le mien.

THÉSÉE

Quoi ? ta rage à mes yeux perd toute retenue ?

Pour la dernière fois, ôte-toi de ma vue :

1155 Sors, traître. N'attends pas qu'un père furieux

Te fasse avec opprobre[1] arracher de ces lieux.

**Thésée et Hippolyte (Patric Saucier et Nicola-Frank Vachon),
Théâtre de la Bordée, 2007.**

note

1. avec opprobre : de
manière infamante.

Scène 3 THÉSÉE, *seul*

Misérable, tu cours à ta perte infaillible.
Neptune, par le fleuve aux dieux mêmes terrible[1],
M'a donné sa parole, et va l'exécuter.
1160 Un dieu vengeur te suit, tu ne peux l'éviter.
Je t'aimais ; et je sens que malgré ton offense
Mes entrailles pour toi se troublent[2] par avance.
Mais à te condamner tu m'as trop engagé[3].
Jamais père en effet fut-il plus outragé ?
1165 Justes dieux, qui voyez la douleur qui m'accable,
Ai-je pu mettre au jour un enfant si coupable ?

Scène 4 PHÈDRE, THÉSÉE

PHÈDRE
Seigneur, je viens à vous, pleine d'un juste effroi.
Votre voix redoutable a passé[4] jusqu'à moi.
Je crains qu'un prompt effet n'ait suivi la menace.
1170 S'il en est temps encore, épargnez votre race[5],
Respectez votre sang, j'ose vous en prier.
Sauvez-moi de l'horreur de l'entendre crier[6],
Ne me préparez point la douleur éternelle
De l'avoir fait répandre à la main paternelle.

notes ....

1. par le fleuve [...] terrible :
par le Styx, fleuve des Enfers.
Le serment de Neptune est
alors irrévocable.

**2. Mes entrailles [...] se
troublent :** mon cœur se
serre, s'affole.

3. engagé : poussé, forcé.

4. a passé : est parvenue.

5. race : famille.

6. l'entendre crier : entendre
votre sang réclamer
vengeance (image biblique).

THÉSÉE

1175 Non, Madame, en mon sang ma main n'a point trempé ;
Mais l'ingrat toutefois ne m'est point échappé.
Une immortelle main de sa perte est chargée.
Neptune me la doit, et vous serez vengée.

PHÈDRE

Neptune vous la doit ! Quoi ? vos vœux irrités...

THÉSÉE

1180 Quoi ? craignez-vous déjà qu'ils ne soient écoutés ?
Joignez-vous bien plutôt à mes vœux légitimes.
Dans toute leur noirceur retracez-moi ses crimes ;
Échauffez mes transports[1] trop lents, trop retenus.
Tous ses crimes encor ne vous sont pas connus ;
1185 Sa fureur contre vous se répand en injures :
Votre bouche, dit-il, est pleine d'impostures ;
Il soutient qu'Aricie a son cœur, a sa foi[2],
Qu'il l'aime.

PHÈDRE

                    Quoi, Seigneur ?

THÉSÉE

                                        Il l'a dit devant moi.
Mais je sais rejeter un frivole artifice[3].
1190 Espérons de Neptune une prompte justice.
Je vais moi-même encore au pied de ses autels
Le presser d'accomplir ses serments immortels.

---

note/

| 1. **Échauffez mes transports :** excitez ma colère. | 2. **sa foi :** son engagement. | 3. **un frivole artifice :** une ruse facile, sans valeur. |

Acte IV, scène 4

**Thésée et Hippolyte (Gérard Poirier et Denis Bernard),
Théâtre du Nouveau Monde, 1988.**

Scène 5

PHÈDRE, *seule*

Il sort. Quelle nouvelle a frappé mon oreille ?
Quel feu[1] mal étouffé dans mon cœur se réveille ?

1195 Quel coup de foudre, ô ciel ! et quel funeste avis[2] !
Je volais tout entière au secours de son fils ;
Et m'arrachant des bras d'Œnone épouvantée,
Je cédais au remords dont j'étais tourmentée.
Qui sait même où m'allait porter ce repentir ?

1200 Peut-être à m'accuser j'aurais pu consentir ;
Peut-être, si la voix ne m'eût été coupée,
L'affreuse vérité me serait échappée.
Hippolyte est sensible[3], et ne sent rien pour moi !
Aricie a son cœur ! Aricie a sa foi !

1205 Ah, dieux ! Lorsqu'à mes vœux, l'ingrat inexorable
S'armait d'un œil si fier, d'un front si redoutable,
Je pensais qu'à l'amour son cœur toujours fermé
Fût[4] contre tout mon sexe également armé.
Une autre cependant a fléchi son audace[5],

1210 Devant ses yeux cruels une autre a trouvé grâce.
Peut-être a-t-il un cœur facile à s'attendrir.
Je suis le seul objet qu'il ne saurait souffrir[6] ;
Et je me chargerais du soin de le défendre ?

notes

1. feu : passion.
2. funeste avis : nouvelle mortelle.
3. sensible : capable d'aimer.
4. Fût : était.

5. audace : indifférence à l'amour.
6. le seul objet [...] souffrir : la seule femme qu'il ne pourrait supporter.

Scène 6

PHÈDRE, ŒNONE

PHÈDRE

Chère Œnone, sais-tu ce que je viens d'apprendre ?

ŒNONE

1215 Non ; mais je viens tremblante, à ne vous point mentir.
J'ai pâli du dessein qui vous a fait sortir ;
J'ai craint une fureur à vous-même fatale.

PHÈDRE

Œnone, qui l'eût cru ? j'avais une rivale.

ŒNONE

Comment ?

PHÈDRE

Hippolyte aime, et je n'en puis douter.
1220 Ce farouche ennemi qu'on ne pouvait dompter,
Qu'offensait le respect[1], qu'importunait la plainte[2],
Ce tigre, que jamais je n'abordais sans crainte,
Soumis, apprivoisé, reconnaît un vainqueur :
Aricie a trouvé le chemin de son cœur.

ŒNONE

1225 Aricie ?

PHÈDRE

Ah ! douleur non encore éprouvée !
À quel nouveau tourment je me suis réservée !
Tout ce que j'ai souffert, mes craintes, mes transports[3],
La fureur de mes feux, l'horreur de mes remords,
Et d'un refus cruel l'insupportable injure
1230 N'était qu'un faible essai[4] du tourment que j'endure.

notes ....

1. **le respect** : l'adoration
(qu'on a pour lui).
2. **la plainte** : les plaintes de
l'amour.

3. **transports** :
manifestations (violentes)
d'amour.
4. **essai** : aperçu.

Ils s'aiment ! Par quel charme[1] ont-ils trompé mes yeux ?
Comment se sont-ils vus ? Depuis quand ? Dans quels lieux ?
Tu le savais. Pourquoi me laissais-tu séduire[2] ?
De leur furtive ardeur[3] ne pouvais-tu m'instruire ?
1235 Les a-t-on vus souvent se parler, se chercher ?
Dans le fond des forêts allaient-ils se cacher ?
Hélas ! ils se voyaient avec pleine licence[4].
Le ciel de leurs soupirs approuvait l'innocence ;
Ils suivaient sans remords leur penchant amoureux,
1240 Tous les jours se levaient clairs et sereins pour eux.
Et moi, triste rebut de la nature entière,
Je me cachais au jour, je fuyais la lumière.
La mort est le seul dieu que j'osais implorer.
J'attendais le moment où j'allais expirer ;
1245 Me nourrissant de fiel[5], de larmes abreuvée,
Encor dans mon malheur de trop près observée,
Je n'osais dans mes pleurs me noyer à loisir ;
Je goûtais en tremblant ce funeste plaisir ;
Et sous un front serein déguisant mes alarmes[6],
1250 Il fallait bien souvent me priver de mes larmes.

ŒNONE
Quel fruit recevront-ils de leurs vaines amours ?
Ils ne se verront plus.

PHÈDRE
           Ils s'aimeront toujours.
Au moment que je parle, ah ! mortelle pensée !
Ils bravent la fureur d'une amante insensée.

notes

1. **quel charme :** quelle sorcellerie.
2. **séduire :** tromper.
3. **furtive ardeur :** amour secret.
4. **avec pleine licence :** en toute liberté.
5. **de fiel :** d'amertume.
6. **déguisant mes alarmes :** cachant mon désespoir.

1255 Malgré ce même exil qui va les écarter[1],
Ils font mille serments de ne se point quitter.
Non, je ne puis souffrir un bonheur qui m'outrage,
Œnone. Prends pitié de ma jalouse rage,
Il faut perdre[2] Aricie. Il faut de mon époux
1260 Contre un sang odieux[3] réveiller le courroux.
Qu'il ne se borne pas à des peines légères :
Le crime de la sœur passe celui des frères[4].
Dans mes jaloux transports je le veux implorer.
Que fais-je ? Où ma raison sè va-t-elle égarer ?
1265 Moi jalouse ! et Thésée est celui que j'implore !
Mon époux est vivant, et moi je brûle encore !
Pour qui ? Quel est le cœur où prétendent mes vœux ?
Chaque mot sur mon front fait dresser mes cheveux.
Mes crimes désormais ont comblé la mesure.
1270 Je respire[5] à la fois l'inceste et l'imposture[6].
Mes homicides mains, promptes à me venger,
Dans le sang innocent brûlent de se plonger.
Misérable ! et je vis ? et je soutiens la vue
De ce sacré Soleil dont je suis descendue ?
1275 J'ai pour aïeul le père et le maître des dieux[7],
Le ciel, tout l'univers est plein de mes aïeux.
Où me cacher ? Fuyons dans la nuit infernale[8].
Mais que dis-je ? mon père y tient l'urne fatale[9],
Le sort, dit-on, l'a mise en ses sévères mains :
1280 Minos juge aux enfers tous les pâles humains[10].

notes

1. **ce même exil [...] écarter :** cet exil même qui va les séparer.

2. **perdre :** provoquer la mort de.

3. **un sang odieux :** famille d'Aricie qu'il déteste (les Pallantides).

4. **Le crime [...] frères :** le crime d'Aricie dépasse celui de ses frères, les Pallantides.

5. **Je respire :** j'exhale, je dégage (une odeur de).

6. **l'imposture :** les fausses accusations de Phèdre envers Hippolyte.

7. **J'ai [...] dieux :** désigne Jupiter, ancêtre de son père.

8. **infernale :** des Enfers.

9. **l'urne fatale :** l'urne d'où l'on tirait le sort des morts pour les juger aux Enfers et que gardait son père Minos.

10. **les pâles humains :** les ombres livides des morts.

**Phèdre et Œnone
(Sophie Clément et Françoise Faucher),
Théâtre du Nouveau Monde, 1988.**

Ah ! combien frémira son ombre épouvantée,
Lorsqu'il verra sa fille à ses yeux présentée,
Contrainte d'avouer tant de forfaits divers,
Et des crimes peut-être inconnus aux Enfers !
1285 Que diras-tu, mon père, à ce spectacle horrible ?
Je crois voir de ta main tomber l'urne terrible ;
Je crois te voir, cherchant un supplice nouveau,
Toi-même de ton sang[1] devenir le bourreau.
Pardonne. Un dieu cruel[2] a perdu ta famille :
1290 Reconnais sa vengeance aux fureurs[3] de ta fille.
Hélas ! du crime affreux dont la honte me suit
Jamais mon triste cœur n'a recueilli le fruit[4].
Jusqu'au dernier soupir de malheurs poursuivie,
Je rends dans les tourments une pénible vie.

ŒNONE

1295 Hé ! repoussez, Madame, une injuste[5] terreur.
Regardez d'un autre œil une excusable erreur.
Vous aimez. On ne peut vaincre sa destinée.
Par un charme fatal vous fûtes entraînée.
Est-ce donc un prodige inouï parmi nous ?
1300 L'amour n'a-t-il encor triomphé que de vous ?
La faiblesse aux humains n'est que trop naturelle.
Mortelle, subissez le sort d'une mortelle.
Vous vous plaignez d'un joug imposé dès longtemps[6] :
Les dieux mêmes, les dieux, de l'Olympe[7] habitants,
1305 Qui d'un bruit si terrible épouvantent les crimes[8],
Ont brûlé quelquefois de feux illégitimes.

notes

1. ton sang : ta fille.
2. Un dieu cruel : Vénus (voir note 3, p. 55).
3. aux fureurs : à la folie.

4. jamais [...] le fruit : jamais mon cœur malheureux n'a profité (du crime).
5. injuste : injustifiée.
6. dès longtemps : depuis longtemps.

7. Olympe : montagne où séjournent les dieux.
8. qui [...] les crimes : qui évitent les crimes en inspirant l'épouvante des châtiments.

PHÈDRE

Qu'entends-je ? Quels conseils ose-t-on me donner ?
Ainsi donc jusqu'au bout tu veux m'empoisonner,
Malheureuse ? Voilà comme tu m'as perdue.

1310   Au jour que je fuyais c'est toi qui m'as rendue.
Tes prières m'ont fait oublier mon devoir.
J'évitais Hippolyte, et tu me l'as fait voir.
De quoi te chargeais-tu ? Pourquoi ta bouche impie
A-t-elle, en l'accusant, osé noircir sa vie ?

1315   Il en mourra peut-être, et d'un père insensé
Le sacrilège vœu peut-être est exaucé.
Je ne t'écoute plus. Va-t'en, monstre exécrable :
Va, laisse-moi le soin de mon sort déplorable.
Puisse le juste ciel dignement te payer !

1320   Et puisse ton supplice à jamais effrayer
Tous ceux qui comme toi, par de lâches adresses[1],
Des princes malheureux nourrissent les faiblesses,
Les poussent au penchant où leur cœur est enclin,
Et leur osent du crime aplanir le chemin,

1325   Détestables flatteurs, présent le plus funeste
Que puisse faire aux rois la colère céleste[2] !

ŒNONE, *seule*

Ah, dieux ! pour la servir j'ai tout fait, tout quitté ;
Et j'en reçois ce prix ? Je l'ai bien mérité.

114

Acte V

Scène 1

HIPPOLYTE, ARICIE

ARICIE

Quoi ! vous pouvez vous taire en ce péril extrême ?

1330 Vous laissez dans l'erreur un père qui vous aime ?

Cruel, si de mes pleurs méprisant le pouvoir,

Vous consentez sans peine à ne me plus revoir,

Partez, séparez-vous de la triste[1] Aricie ;

Mais du moins en partant assurez[2] votre vie.

1335 Défendez votre honneur d'un reproche honteux,

Et forcez votre père à révoquer[3] ses vœux.

Il en est temps encor[4]. Pourquoi, par quel caprice

notes ....

1. triste : malheureuse.

2. assurez : mettez en sécurité.

3. révoquer : revenir sur.

4. encor : encore.

Laissez-vous le champ libre à votre accusatrice ?
Éclaircissez[1] Thésée.

HIPPOLYTE

             Hé ! que n'ai-je point dit ?

1340   Ai-je dû mettre au jour l'opprobre de son lit ?[2]
Devais-je, en lui faisant un récit trop sincère,
D'une indigne rougeur couvrir le front d'un père ?
Vous seule avez percé ce mystère odieux.
Mon cœur pour s'épancher n'a que vous et les dieux.

1345   Je n'ai pu vous cacher, jugez si je vous aime,
Tout ce que je voulais me cacher à moi-même.
Mais songez sous quel sceau[3] je vous l'ai révélé.
Oubliez, s'il se peut, que je vous ai parlé,
Madame ; et que jamais une bouche si pure

1350   Ne s'ouvre pour conter cette horrible aventure.
Sur l'équité des dieux osons nous confier[4] :
Ils ont trop d'intérêt à me justifier ;
Et Phèdre, tôt ou tard de son crime punie,
N'en saurait éviter la juste ignominie[5].

1355   C'est l'unique respect que j'exige de vous.
Je permets tout le reste à mon libre courroux.
Sortez de l'esclavage où vous êtes réduite ;
Osez me suivre, osez accompagner ma fuite ;
Arrachez-vous d'un lieu funeste[6] et profané,

1360   Où la vertu respire un air empoisonné ;
Profitez, pour cacher votre prompte retraite[7],

---

notes

1. Éclaircissez : informez clairement.

2. Ai-je dû [...] son lit ? : aurais-je dû révéler le déshonneur de son mariage ?

3. sous quel sceau : à quelles conditions (sous le sceau du secret).

4. Sur l'équité [...] confier : osons faire confiance à la justice des dieux.

5. juste ignominie : honte méritée.

6. funeste : qui provoque la mort (où l'on ne peut plus vivre).

7. retraite : départ.

De la confusion que ma disgrâce y jette.
Je vous puis de la fuite assurer les moyens.
Vous n'avez jusqu'ici de gardes que les miens ;
1365 De puissants défenseurs prendront notre querelle[1],
Argos nous tend les bras, et Sparte[2] nous appelle :
À nos amis communs portons nos justes cris ;
Ne souffrons pas que Phèdre, assemblant nos débris[3],
Du trône paternel nous chasse l'un et l'autre,
1370 Et promette à son fils ma dépouille et la vôtre.
L'occasion est belle, il la faut embrasser[4].
Quelle peur vous retient ? Vous semblez balancer[5] ?
Votre seul intérêt m'inspire cette audace.
Quand je suis tout de feu, d'où vous vient cette glace ?
1375 Sur les pas d'un banni craignez-vous de marcher ?

ARICIE
Hélas ! qu'un tel exil, Seigneur, me serait cher !
Dans quels ravissements, à votre sort liée,
Du reste des mortels je vivrais oubliée !
Mais n'étant point unis par un lien si doux[6],
1380 Me puis-je avec honneur dérober[7] avec vous ?
Je sais que sans blesser l'honneur le plus sévère,
Je me puis affranchir[8] des mains de votre père :
Ce n'est point m'arracher du sein de mes parents ;
Et la fuite est permise à qui fuit ses tyrans.
1385 Mais vous m'aimez, Seigneur ; et ma gloire alarmée[9]...

notes
1. **querelle :** intérêt, cause.
2. **Argos [...] Sparte :** villes du Péloponnèse, rivales d'Athènes.
3. **assemblant nos débris :** recueillant les restes de notre héritage.
4. **embrasser :** saisir.
5. **balancer :** hésiter.
6. **un lien si doux :** le mariage.
7. **Me [...] dérober :** m'enfuir en cachette.
8. **affranchir :** délivrer.
9. **ma gloire alarmée :** mon honneur inquiet.

HIPPOLYTE

Non, non, j'ai trop de soin de votre renommée.
Un plus noble dessein m'amène devant vous :
Fuyez mes ennemis, et suivez votre époux.
Libres dans nos malheurs, puisque le ciel l'ordonne,
1390 Le don de notre foi[1] ne dépend de personne.
L'hymen[2] n'est point toujours entouré de flambeaux.
Aux portes de Trézène[3], et parmi ces tombeaux,
Des princes de ma race antiques sépultures,
Est un temple sacré formidable aux parjures[4].
1395 C'est là que les mortels n'osent jurer en vain :
Le perfide y reçoit un châtiment soudain ;
Et craignant d'y trouver la mort inévitable,
Le mensonge n'a point de frein plus redoutable.
Là, si vous m'en croyez, d'un amour éternel
1400 Nous irons confirmer le serment solennel[5] ;
Nous prendrons à témoin le dieu qu'on y révère ;
Nous le prierons tous deux de nous servir de père.
Des dieux les plus sacrés j'attesterai[6] le nom.
Et la chaste Diane[7], et l'auguste Junon[8],
1405 Et tous les dieux enfin, témoins de mes tendresses,
Garantiront la foi[9] de mes saintes promesses.

ARICIE

Le roi vient. Fuyez, Prince, et partez promptement.
Pour cacher mon départ, je demeure un moment.
Allez ; et laissez-moi quelque fidèle guide,
1410 Qui conduise vers vous ma démarche timide[10].

notes

1. **Le don de notre foi** : notre engagement mutuel.
2. **hymen** : mariage.
3. **Trézène** : port du Péloponnèse où se passe la pièce.

4. **formidable aux parjures** : qui inspire de la terreur aux parjures.
5. **serment solennel** : serment du mariage.
6. **j'attesterai** : je prendrai à témoin.

7. **Diane** : déesse de la Chasse et protectrice d'Hippolyte.
8. **Junon** : épouse de Jupiter et déesse du Mariage.
9. **foi** : sincérité.
10. **timide** : craintive, pudique.

Scène 2
THÉSÉE, ARICIE, ISMÈNE

THÉSÉE
Dieux, éclairez mon trouble, et daignez à mes yeux
Montrer la vérité, que je cherche en ces lieux.

ARICIE
Songe à tout, chère Ismène, et sois prête à la fuite.

Scène 3
THÉSÉE, ARICIE

THÉSÉE
Vous changez de couleur, et semblez interdite[1],
1415 Madame ! Que faisait Hippolyte en ce lieu ?

ARICIE
Seigneur, il me disait un éternel adieu.

THÉSÉE
Vos yeux ont su dompter ce rebelle courage[2]
Et ses premiers soupirs sont votre heureux ouvrage.

ARICIE
Seigneur, je ne vous puis nier la vérité :
1420 De votre injuste haine il n'a pas hérité ;
Il ne me traitait point comme une criminelle.

THÉSÉE
J'entends[3] : il vous jurait une amour éternelle.
Ne vous assurez point sur[4] ce cœur inconstant :
Car à d'autres que vous il en jurait autant.

notes

1. interdite : incapable de parler, bouleversée.
2. ce rebelle courage : ce cœur rebelle à l'amour.
3. J'entends : je comprends.
4. Ne vous assurez point sur : ne vous fiez pas à.

ARICIE

1425 Lui, Seigneur ?

THÉSÉE

Vous deviez[1] le rendre moins volage :
Comment souffriez-vous cet horrible partage ?

ARICIE

Et comment souffrez-vous que d'horribles discours
D'une si belle vie osent noircir le cours ?
Avez-vous de son cœur si peu de connaissance ?
1430 Discernez-vous si mal le crime et l'innocence ?
Faut-il qu'à vos yeux seuls un nuage odieux
Dérobe sa vertu qui brille à tous les yeux ?
Ah ! c'est trop le livrer à des langues perfides.
Cessez : repentez-vous de vos vœux homicides ;
1435 Craignez, Seigneur, craignez que le ciel rigoureux
Ne vous haïsse assez pour exaucer vos vœux.
Souvent dans sa colère il reçoit nos victimes[2] ;
Ses présents sont souvent la peine de nos crimes.

THÉSÉE

Non, vous voulez en vain couvrir son attentat[3] :
1440 Votre amour vous aveugle en faveur de l'ingrat.
Mais j'en crois des témoins certains, irréprochables :
J'ai vu, j'ai vu couler des larmes véritables.

ARICIE

Prenez garde, Seigneur. Vos invincibles mains
Ont de monstres sans nombre affranchi[4] les humains ;
1445 Mais tout n'est pas détruit, et vous en laissez vivre
Un... Votre fils, Seigneur, me défend de poursuivre.

notes ....

1. Vous deviez : vous auriez dû.

2. il reçoit nos victimes : il accepte les victimes que nous lui offrons.

3. couvrir son attentat : excuser son crime.
4. affranchi : délivré.

120

Instruite du respect qu'il veut vous conserver,
Je l'affligerais trop si j'osais achever,
J'imite sa pudeur[1], et fuis votre présence
1450 Pour n'être pas forcée à rompre le silence.

Scène 4   THÉSÉE, *seul*

Quelle est donc sa pensée ? et que cache un discours
Commencé tant de fois, interrompu toujours ?
Veulent-ils m'éblouir[2] par une feinte vaine ?
Sont-ils d'accord tous deux pour me mettre à la gêne[3] ?
1455 Mais moi-même, malgré ma sévère rigueur,
Quelle plaintive voix crie au fond de mon cœur ?
Une pitié secrète et m'afflige et m'étonne[4].
Une seconde fois interrogeons Œnone.
Je veux de tout le crime être mieux éclairci[5].
1460 Gardes, qu'Œnone sorte, et vienne seule ici.

Scène 5   THÉSÉE, PANOPE

PANOPE
J'ignore le projet que la reine médite,
Seigneur, mais je crains tout du transport qui l'agite.
Un mortel désespoir sur son visage est peint ;
La pâleur de la mort est déjà sur son teint.

notes ....

1. **pudeur** : discrétion, réserve.
2. **m'éblouir** : me tromper.
3. **me mettre à la gêne** : me mettre à la torture.
4. **m'étonne** : me frappe de stupeur.
5. **éclairci** : éclairé, instruit.

1465 Déjà, de sa présence avec honte chassée,
Dans la profonde mer Œnone s'est lancée.
On ne sait point d'où part ce dessein furieux[1] ;
Et les flots pour jamais l'ont ravie à nos yeux.

THÉSÉE
Qu'entends-je ?

PANOPE
                 Son trépas n'a point calmé la reine :
1470 Le trouble semble croître en son âme incertaine.
Quelquefois, pour flatter[2] ses secrètes douleurs,
Elle prend ses enfants et les baigne de pleurs ;
Et soudain, renonçant à l'amour maternelle,
Sa main avec horreur les repousse loin d'elle.
1475 Elle porte au hasard ses pas irrésolus ;
Son œil tout égaré ne nous reconnaît plus.
Elle a trois fois écrit ; et changeant de pensée,
Trois fois elle a rompu[3] sa lettre commencée.
Daignez la voir, Seigneur ; daignez la secourir.

THÉSÉE
1480 Ô ciel ! Œnone est morte, et Phèdre veut mourir ?
Qu'on rappelle mon fils, qu'il vienne se défendre !
Qu'il vienne me parler, je suis prêt de l'entendre[4].
Ne précipite point tes funestes bienfaits,
Neptune ; j'aime mieux n'être exaucé jamais.
1485 J'ai peut-être trop cru des témoins peu fidèles[5],
Et j'ai trop tôt vers toi levé mes mains cruelles.
Ah ! de quel désespoir mes vœux seraient suivis !

notes ....

1. **ce dessein furieux** : cette décision folle.
2. **flatter** : calmer.
3. **rompu** : déchiré.
4. **prêt de l'entendre** : prêt à l'écouter.
5. **peu fidèles** : peu sûrs.

Scène 6   THÉSÉE, THÉRAMÈNE

THÉSÉE
Théramène, est-ce toi ? Qu'as-tu fait de mon fils ?
Je te l'ai confié dès l'âge le plus tendre.
1490 Mais d'où naissent les pleurs que je te vois répandre ?
Que fait mon fils ?

THÉRAMÈNE
                    Ô soins[1] tardifs et superflus !
Inutile tendresse ! Hippolyte n'est plus.

THÉSÉE
Dieux !

THÉRAMÈNE
          J'ai vu des mortels périr le plus aimable[2],
Et j'ose dire encor, Seigneur, le moins coupable.

THÉSÉE
1495 Mon fils n'est plus ? Hé quoi ? quand je lui tends les bras,
Les dieux impatients ont hâté son trépas ?
Quel coup me l'a ravi ? quelle foudre soudaine ?

THÉRAMÈNE
À peine nous sortions des portes de Trézène,
Il était sur son char ; ses gardes affligés
1500 Imitaient son silence, autour de lui rangés ;
Il suivait tout pensif le chemin de Mycènes[3] ;
Sa main sur ses chevaux laissait flotter les rênes.
Ses superbes coursiers[4], qu'on voyait autrefois
Pleins d'une ardeur si noble obéir à sa voix,
1505 L'œil morne maintenant et la tête baissée,
Semblaient se conformer à sa triste pensée.

passage analysé

notes ....

| 1. soins : préoccupations. | 3. Mycènes : ville grecque, | 4. superbes coursiers : fiers |
| 2. aimable : digne d'être aimé. | au nord du Péloponnèse. | chevaux. |

123

Un effroyable cri, sorti du fond des flots,
Des airs en ce moment a troublé le repos ;
Et du sein de la terre une voix formidable[1]
1510 Répond en gémissant à ce cri redoutable.
Jusqu'au fond de nos cœurs notre sang s'est glacé ;
Des coursiers attentifs le crin s'est hérissé.
Cependant[2] sur le dos de la plaine liquide
S'élève à gros bouillons une montagne humide ;
1515 L'onde approche, se brise, et vomit à nos yeux,
Parmi des flots d'écume, un monstre furieux.
Son front large est armé de cornes menaçantes ;
Tout son corps est couvert d'écailles jaunissantes ;
Indomptable taureau, dragon impétueux,
1520 Sa croupe se recourbe en replis tortueux.
Ses longs mugissements font trembler le rivage.
Le ciel avec horreur voit ce monstre sauvage ;
La terre s'en émeut[3], l'air en est infecté ;
Le flot, qui l'apporta, recule épouvanté.
1525 Tout fuit ; et sans s'armer d'un courage inutile,
Dans le temple voisin chacun cherche un asile.
Hippolyte lui seul, digne fils d'un héros,
Arrête ses coursiers, saisit ses javelots,
Pousse au monstre[4], et d'un dard lancé d'une main sûre,
1530 Il lui fait dans le flanc une large blessure.
De rage et de douleur le monstre bondissant
Vient aux pieds des chevaux tomber en mugissant,
Se roule, et leur présente une gueule enflammée
Qui les couvre de feu, de sang et de fumée.

passage analysé

notes

1. **formidable** : terrifiante.
2. **Cependant** : pendant ce temps.

3. **s'en émeut** : se met à trembler.

4. **Pousse au monstre** : s'élance vers le monstre.

1535 La frayeur les emporte ; et sourds à cette fois[1],
Ils ne connaissent plus ni le frein ni la voix.
En efforts impuissants leur maître se consume,
Ils rougissent le mors d'une sanglante écume.
On dit qu'on a vu même, en ce désordre affreux,
1540 Un dieu qui d'aiguillons pressait leur flanc poudreux[2].
À travers des rochers la peur les précipite ;
L'essieu crie et se rompt. L'intrépide Hippolyte
Voit voler en éclats tout son char fracassé ;
Dans les rênes lui-même il tombe embarrassé[3].
1545 Excusez ma douleur. Cette image cruelle
Sera pour moi de pleurs une source éternelle.
J'ai vu, Seigneur, j'ai vu votre malheureux fils
Traîné par les chevaux que sa main a nourris.
Il veut les rappeler, et sa voix les effraie ;
1550 Ils courent. Tout son corps n'est bientôt qu'une plaie.
De nos cris douloureux la plaine retentit.
Leur fougue impétueuse enfin se ralentit :
Ils s'arrêtent, non loin de ces tombeaux antiques
Où des rois ses aïeux sont les froides reliques[4].
1555 J'y cours en soupirant, et sa garde me suit.
De son généreux sang[5] la trace nous conduit :
Les rochers en sont teints ; les ronces dégouttantes
Portent de ses cheveux les dépouilles sanglantes.
J'arrive, je l'appelle ; et me tendant la main,
1560 Il ouvre un œil mourant, qu'il referme soudain.
« Le ciel, dit-il, m'arrache une innocente vie.
Prends soin après ma mort de la triste Aricie.

notes

1. à cette fois : cette fois, pour une fois.
2. poudreux : poussiéreux.
3. embarrassé : empêtré.
4. froides reliques : restes, ossements.
5. généreux sang : noble sang.

passage analysé

Cher ami, si mon père un jour désabusé[1]
Plaint le malheur d'un fils faussement accusé,
1565 Pour apaiser mon sang et mon ombre plaintive,
Dis-lui qu'avec douceur il traite sa captive ;
Qu'il lui rende... » À ce mot, ce héros expiré[2]
N'a laissé dans mes bras qu'un corps défiguré,
Triste objet, où des dieux triomphe la colère,
1570 Et que méconnaîtrait[3] l'œil même de son père.

THÉSÉE
Ô mon fils ! cher espoir que je me suis ravi[4] !
Inexorables dieux, qui m'avez trop servi !
À quels mortels regrets ma vie est réservée !

THÉRAMÈNE
La timide Aricie est alors arrivée.
1575 Elle venait, Seigneur, fuyant votre courroux,
À la face des dieux l'accepter pour époux.
Elle approche : elle voit l'herbe rouge et fumante ;
Elle voit (quel objet pour les yeux d'une amante !)
Hippolyte étendu, sans forme et sans couleur.
1580 Elle veut quelque temps douter de son malheur ;
Et ne connaissant plus[5] ce héros qu'elle adore,
Elle voit Hippolyte et le demande encore.
Mais trop sûre à la fin qu'il est devant ses yeux,
Par un triste regard elle accuse les dieux ;
1585 Et froide, gémissante, et presque inanimée,
Aux pieds de son amant elle tombe pâmée.
Ismène est auprès d'elle ; Ismène, toute en pleurs,
La rappelle à la vie, ou plutôt aux douleurs.

notes

1. **désabusé :** détrompé.
2. **expiré :** déjà mort.
3. **méconnaîtrait :**
ne reconnaîtrait pas.

4. **que je me suis ravi :** dont
je me suis privé moi-même.
5. **ne connaissant plus :**
ne reconnaissant plus.

Et moi, je suis venu, détestant la lumière[1],
1590 Vous dire d'un héros la volonté dernière,
Et m'acquitter, Seigneur, du malheureux emploi[2]
Dont son cœur expirant s'est reposé sur moi.
Mais j'aperçois venir sa mortelle ennemie.

La mort d'Hippolyte.

notes

1. **détestant la lumière :** maudissant la vie.

2. **du malheureux emploi :** de la triste mission.

**Aricie et Ismène
(Caroline Tanguay et Ansie St-Martin),
Théâtre de la Bordée, 2007.**

Scène 7

THÉSÉE, PHÈDRE, THÉRAMÈNE,
PANOPE, GARDES

THÉSÉE

Hé bien ! vous triomphez, et mon fils est sans vie.
1595 Ah ! que j'ai lieu de craindre ! et qu'un cruel soupçon,
L'excusant dans mon cœur, m'alarme avec raison !
Mais, Madame, il est mort, prenez votre victime :
Jouissez de sa perte, injuste ou légitime.
Je consens que mes yeux soient toujours abusés.
1600 Je le crois criminel, puisque vous l'accusez.
Son trépas à mes pleurs offre assez de matières,
Sans que j'aille chercher d'odieuses lumières,
Qui ne pouvant le rendre à ma juste douleur,
Peut-être ne feraient qu'accroître mon malheur.
1605 Laissez-moi, loin de vous et loin de ce rivage,
De mon fils déchiré fuir la sanglante image.
Confus¹, persécuté d'un² mortel souvenir,
De l'univers entier je voudrais me bannir.
Tout semble s'élever contre mon injustice.
1610 L'éclat de mon nom même augmente mon supplice.
Moins connu des mortels, je me cacherais mieux.
Je hais jusques au soin dont m'honorent les dieux ;
Et je m'en vais pleurer leurs faveurs meurtrières
Sans plus les fatiguer d'inutiles prières.
1615 Quoi qu'ils fissent pour moi, leur funeste³ bonté
Ne me saurait payer de⁴ ce qu'ils m'ont ôté.

PHÈDRE

Non, Thésée, il faut rompre un injuste silence :

notes

1. **Confus :** bouleversé.
2. **persécuté d'un :** poursuivi par un.
3. **funeste :** mortelle.
4. **me [...] payer de :** compenser la perte de.

129

Il faut à votre fils rendre son innocence.
Il n'était point coupable.

THÉSÉE

Ah ! père infortuné !

1620 Et c'est sur votre foi[1] que je l'ai condamné !
Cruelle, pensez-vous être assez excusée...

PHÈDRE

Les moments me sont chers[2], écoutez-moi, Thésée.
C'est moi qui sur ce fils chaste et respectueux
Osai jeter un œil profane[3], incestueux.
1625 Le ciel mit dans mon sein une flamme funeste ;
La détestable[4] Œnone a conduit tout le reste.
Elle a craint qu'Hippolyte, instruit de ma fureur[5],
Ne découvrît[6] un feu[7] qui lui faisait horreur.
La perfide, abusant de ma faiblesse extrême,
1630 S'est hâtée à vos yeux de l'accuser lui-même.
Elle s'en est punie, et fuyant mon courroux,
A cherché dans les flots un supplice trop doux.
Le fer aurait déjà tranché ma destinée ;
Mais je laissais[8] gémir la vertu soupçonnée.
1635 J'ai voulu, devant vous exposant mes remords,
Par un chemin plus lent descendre chez les morts.
J'ai pris, j'ai fait couler dans mes brûlantes veines
Un poison que Médée apporta dans Athènes.
Déjà jusqu'à mon cœur le venin[9] parvenu
1640 Dans ce cœur expirant jette un froid inconnu ;
Déjà je ne vois plus qu'à travers un nuage

notes

1. **foi** : parole (en laquelle je croyais).
2. **chers** : comptés.
3. **profane** : sacrilège.
4. **détestable** : maudite.
5. **fureur** : passion folle.
6. **Ne découvrît** : ne révélât à tous.
7. **feu** : amour.
8. **je laissais** : j'aurais laissé (en agissant ainsi).
9. **venin** : poison.

Et le ciel et l'époux que ma présence outrage ;
Et la mort, à mes yeux dérobant la clarté,
Rend au jour, qu'ils souillaient, toute sa pureté.

PANOPE

1645 Elle expire, Seigneur !

THÉSÉE

D'une action si noire
Que ne peut avec elle expirer la mémoire[1] !
Allons, de mon erreur, hélas ! trop éclaircis,
Mêler nos pleurs au sang de mon malheureux fils.
Allons de ce cher fils embrasser ce qui reste,
1650 Expier la fureur d'un vœu que je déteste.
Rendons-lui les honneurs qu'il a trop mérités ;
Et pour mieux apaiser ses mânes irrités[2],
Que malgré les complots d'une injuste famille[3]
Son amante aujourd'hui me tienne lieu de fille.

notes ....

1. expirer la mémoire :
mourir le souvenir.

2. ses mânes irrités : l'esprit
du mort irrité (contre son
meurtre voulu par son père).

3. une injuste famille :
la famille d'Aricie, les
Pallantides.

Test de première lecture

❶ Où et quand commence l'action de la pièce?

❷ Pourquoi Hippolyte veut-il quitter Trézène au début de la pièce?

❸ Situez les personnages suivants les uns par rapport aux autres : Thésée, Phèdre, Hippolyte et Aricie. Qui sont Œnone et Théramène? Lequel des personnages nommés est absent, et pourquoi?

❹ Qui sont les parents, la sœur et l'ancêtre de Phèdre? Présentez-les en quelques mots.

❺ De quel mal souffre Phèdre? Pourquoi son amour est-il interdit? Que projette-t-elle de faire pour se débarrasser de ce mal?

❻ Pourquoi Phèdre accuse-t-elle Vénus? De quoi juge-t-elle la déesse responsable?

❼ Qu'arrive-t-il d'imprévu à l'acte I? En quoi la situation des personnages en est-elle transformée?

❽ Pour quelle raison Hippolyte avoue-t-il son amour à Aricie?

❾ Quelle est la réaction d'Hippolyte à l'aveu de Phèdre?

❿ Quelle nouvelle bouleverse à nouveau la situation des personnages à l'acte III?

⓫ Quel personnage accuse à tort Hippolyte auprès de Thésée? Quels gestes lui sont reprochés? Quelle preuve est amenée à l'appui de cette accusation?

⓬ Pourquoi Hippolyte ne se défend-il pas contre la colère de son père?

⓭ Que demande Thésée à Neptune? Pourquoi?

⓮ Pourquoi Phèdre renonce-t-elle à avouer sa faute à Thésée?

⓯ Quelle décision Hippolyte et Aricie prennent-ils ensemble à l'acte V?

⓰ Que vient annoncer Théramène à Thésée à l'acte V?

⓱ Pour quelle raison Phèdre avoue-t-elle finalement ses fautes, et comment meurt-elle?

L'étude
de l'œuvre

Quelques notions de base

En préliminaire : quelques connaissances sur le genre dramatique

La tragédie de Racine, comme toute pièce de théâtre, peut être analysée avec les outils dont on se servirait pour l'analyse littéraire, mais en prenant toutefois en compte son appartenance au genre dramatique qui possède ses caractéristiques propres. Lorsque la pièce de théâtre est jouée, sa mise en scène ajoute au texte littéraire une deuxième dimension, une double création. Le metteur en scène actualise le sens de la pièce en l'incarnant dans un espace scénographique, choisit un cadre esthétique signifiant pour les décors et les costumes, et oriente l'interprétation des comédiens en fonction de la lecture qu'il souhaite donner au texte. Notons qu'au XVIIe siècle, la fonction de metteur en scène n'existe pas comme telle, et que, souvent, c'est l'auteur ou le directeur de troupe qui est chargé de diriger le spectacle. Néanmoins, tout spectacle crée une deuxième couche de sens. Les interactions sur scène entre les personnages donnent au texte toute sa complexité, puisque les personnages échangent entre eux, mais s'adressent indirectement au public ; on parlera donc du **double destinataire*** du texte théâtral. Ces observations engendrent des conséquences concernant le processus d'analyse ; voilà la raison pour laquelle on veillera à distinguer les notions suivantes :

• le lieu de la fiction, tel qu'il est précisé dans le texte, qui est l'endroit où se situent les événements imaginés par le dramaturge, soit le palais de Thésée à Trézène pour *Phèdre* ;

• l'espace scénique qui comprend la scène, les coulisses et l'espace de la salle où se trouve l'auditoire. Sur cette scène, le décor est unique, comme l'unité de lieu le commande : pour permettre aux personnages de se rencontrer en toute vraisemblance, il s'agit d'une salle neutre du palais ;

* : *Cf.* Glossaire

- le temps de la fiction, l'époque où se situe l'intrigue, de même que la durée de celle-ci, soit environ 24 heures;
- le temps de la représentation, celui du spectacle sur scène, qui peut être d'une heure et demie environ.

Plusieurs autres notions sont nécessaires à l'analyse des pièces de théâtre. On retrouvera ces notions regroupées à la fin du volume dans le glossaire.

Notions relatives au théâtre au XVIIᵉ siècle

Dès le début du siècle, le théâtre à Paris s'impose comme un divertissement de premier plan, tant pour l'élite que pour les classes populaires, qui, illettrées pour la plupart, jouissent par les spectacles qui leur sont présentés d'un accès à la culture qui, autrement, leur échapperait presque totalement. Le prix des places au parterre étant relativement abordable, les salles de théâtre de Paris se remplissent facilement d'un public bigarré, bruyant et prompt à manifester son enthousiasme comme son désaccord. De leur côté, les élites, tant bourgeoise qu'aristocratique, ne boudent pas leur plaisir mais paient plus cher leur place dans une loge ou au balcon. Certains nobles très fortunés s'assoient même directement sur la scène, moyennant un fort prix, et font ainsi presque partie du spectacle ! À part les salles parisiennes rivales de l'Hôtel de Bourgogne, du Marais et du Palais-Royal, il existe de petits théâtres privés situés chez des particuliers et, enfin, les salles de la cour, à Versailles. De par son large auditoire, et par le fait qu'il est un art de la représentation dans un siècle qui aime tant les apparences, le théâtre s'impose donc comme le genre littéraire et artistique dominant à l'époque du Grand Siècle.

Cependant, les œuvres dramatiques qui se multiplient appartiennent à des formes très diverses, de la farce provoquant les rires gras jusqu'à la comédie de caractère et la tragédie, qui sont écrites en alexandrins. La première moitié du siècle a vu fleurir les œuvres baroques, notamment les tragi-comédies, avec leur mélange de tons, leur fantaisie et leurs intrigues romanesques, ainsi que les tragédies fondatrices de Pierre Corneille, qui cherchaient à provoquer l'admiration par la quête de l'héroïsme et du sublime. Plus tard, d'autres formes de tragédies rivalisent avec celles de Racine (la tragédie galante, la tragédie lyrique, celles de Thomas Corneille ou de Philippe Quinault). Mais notre auteur finit par s'imposer comme le plus brillant dramaturge de son époque, grâce à sa maîtrise de la forme théâtrale ainsi qu'à son style poétique inégalé. C'est la raison pour laquelle la tragédie racinienne garde sa valeur de modèle classique entre tous. Voyons les éléments qui la caractérisent.

Définition et règles de la tragédie classique

Bien davantage qu'une histoire qui finit mal, la tragédie est une forme théâtrale très prescriptive, dont les origines remontent à la *Poétique* d'Aristote (IVe siècle av. J.-C.). Au départ, le fait tragique naît de la lutte, victorieuse ou vouée à l'échec, d'un héros contre une force qui le dépasse. Le héros tragique est souvent habité par un conflit interne entre ses pulsions et sa raison, et ce conflit insoluble entraîne sa perte éventuelle. La tragédie est déjà chez Aristote composée de cinq actes distincts qui sont autant d'étapes dans l'évolution de l'intrigue. Le fait que l'intrigue se déroule en un seul lieu, en un temps relativement court et qu'elle se concentre sur peu d'éléments à la fois indique sa conformité à la règle* des trois unités.

Comme beaucoup de tragédies classiques, *Phèdre* commence au milieu de l'histoire, à l'aube de la journée, en un seul lieu (le vestibule d'un palais) au cours d'un entretien entre un héros et son confident, ici Hippolyte et Théramène. L'**exposition*** doit être entière, rapide, intéressante et vraisemblable. La crise tragique s'ouvre sur un conflit (entre des personnages ou au sein d'un même personnage): des obstacles entravent les intentions des protagonistes, formant le **nœud*** de la pièce; obstacles extérieurs, comme l'interdiction de Thésée au sujet d'Aricie, ou intérieurs venant, pour Phèdre, d'une passion moralement interdite. Racine développe l'intrigue par degrés, à partir des éléments

*: *Cf. Glossaire*

de la crise initiale, montrant la marche de la fatalité tragique à l'intérieur d'une situation insoluble où s'affrontent l'amour et la haine : l'on assiste à une lente détérioration des relations familiales par l'infanticide, l'adultère et l'inceste. L'intrigue se complique souvent de rivalités pour le pouvoir, pour la succession de Thésée, par exemple. Des **péripéties** (événements imprévus) modifient la situation des protagonistes, telle l'annonce du décès puis du retour de Thésée (I, 4 et III, 3). La crise est retardée par des malentendus ou quiproquos*, comme dans les scènes d'aveu de Phèdre, ou par la multiplication de bribes d'informations relatives au retour de Thésée. L'intrigue tragique se resserre peu à peu sur le héros, le laissant seul, sans espoir face à son destin. Le **dénouement*** tranche le fil de l'action, souvent par la mort des héros, et doit être cohérent, rapide et complet. Il peut être doublé par une seconde fin qui présente au spectateur les leçons de l'intrigue et une solution politique et morale permettant le retour à l'ordre nécessaire, une fois la catharsis* effectuée. C'est ainsi que Thésée rétablit, par l'adoption d'Aricie, l'ordre perturbé.

Ces éléments de la tragédie remontent aux modèles grecs. Mais au XVIIe siècle, lorsque s'impose la tragédie française dans l'esthétique classique, il s'y ajoute deux autres contraintes, celle de la vraisemblance et celle de la bienséance. Ce sont des conventions qui ont pour but de concentrer l'intérêt du spectateur et de satisfaire au goût de la raison et de l'ordre. La règle de **vraisemblance***, d'où découlent toutes les autres, exige des personnages et des événements historiques ou mythologiques ainsi que la cohérence de l'action et des personnages. Elle exclut en général le merveilleux. Celle de la **bienséance*** interdit sur scène ce qui peut choquer la pudeur ou la sensibilité : en général, tout élément trivial lié à la vie quotidienne ne saurait être montré (comme des scènes de repas), toute référence au corps physique (violence, combat, décès, relation sexuelle) est formellement prohibée. En cas d'absolue nécessité, certains événements se produiront hors scène et seront alors racontés : ainsi, dans *Phèdre*, la mort spectaculaire d'Hippolyte est narrée par Théramène, et le suicide de Phèdre n'est montré que dans ses ultimes manifestations alors qu'elle a ingéré le poison hors de la vue des spectateurs.

* : *Cf.* Glossaire

Quelques notions de base

- *Définition de la tragédie classique:* pièce en cinq actes et en vers, d'un style noble et unifié, qui cherche à émouvoir et à instruire par la représentation d'une crise souvent fatale, touchant des personnages de haut rang de la mythologie ou de l'histoire.
- *Composition d'une tragédie*
  - Exposition
  - Nœud: crise et conflit tragique
  - Péripéties et développement de l'intrigue
  - Dénouement

Tableau des formes dramatiques au XVIIᵉ siècle

La tragi-comédie (courant baroque)	La tragédie (courant classique)
• **Personnages** de rangs divers. • Héros masculin, fidèle à l'idéal aristocratique. • **Intrigue** à rebondissements multiples ; intervention possible du fantastique. • Exploration de formes variées, structures complexes, mélange des genres. • Dénouement souvent positif. • **Thématique** empruntée au courant baroque. • **Style** recherché, précieux : goût pour la virtuosité, s'exprimant notamment par la richesse des figures de style. • **Mise en scène** orientée vers le mouvement et l'effet de surprise, etc., notamment par l'usage des machines.	• **Personnages** de rang élevé, déchirés entre leurs devoirs envers la famille, l'État et Dieu. • **Intrigue** concentrée, bienséante et vraisemblable ; contexte de l'Antiquité gréco-romaine. • Composition selon la règle des trois unités, d'action, de lieu et de temps, soit un péril, en un endroit et en une journée. • Dénouement tragique. • **Thématique** pessimiste. Fatalité et luttes de pouvoir. • **Style** solennel ; rythme majestueux de l'alexandrin ; registre linguistique soutenu. • **Mise en scène** sobre, qui met l'accent sur le caractère cérémoniel de la représentation.
La farce (courant baroque)	**La comédie (influences baroque et classique)**
• **Personnages** archétypaux (traits grossis et répétitifs). • **Intrigue** : opposition élémentaire entre personnages sympathiques (les gagnants) et personnages ridicules (les perdants). • Pièce courte ; liberté d'invention. • **Thématique** : caricature des travers des personnes âgées, qui sont opposées aux jeunes. • **Style** : influence de la *commedia dell'arte* ; divertissement facile. • **Mise en scène** qui utilise tous les registres du comique, associés à un jeu corporel.	• **Personnages** issus de la bourgeoisie d'une complexité variable. • **Intrigue** : conflits de générations et de caractères dans le contexte de la vie quotidienne. • Composition en cinq actes (généralement), très flexible. • **Thématique** des grands défauts humains ; thèmes de l'amour et de l'argent. • **Style** : grande variation, qui va de la farce au ton plus sérieux. • **Mise en scène** qui emprunte à la farce les procédés comiques, tout en s'orientant vers le raffinement.

**Affiche de la production *Phèdre
et autres labyrinthes*,
pièce de Ximena Escalante
traduite par Geneviève Billette,
mise en scène de Jonathan Gagnon,
Théâtre de l'Inconnu, 2005.**

L'étude de l'œuvre
par acte en s'appuyant
sur des extraits

Phèdre, la pièce

Racine, Phèdre, acte I, scène 1 : l'exposition
**Premier extrait,
pages 44 à 46, vers 65 à 113**

Étape préparatoire à la rédaction : compréhension du passage en tenant compte du contexte

❶ Situez l'extrait en procédant de la façon suivante :

a) résumez ce que le spectateur apprend de l'intrigue et des personnages par la scène qui précède l'extrait ;

b) résumez l'extrait lui-même et l'intérêt de ce passage dans la compréhension de la pièce ;

c) résumez ce que le spectateur apprend de nouveau dans la suite de l'acte.

❷ Le premier acte répond-il à la fonction qui lui est normalement attribuée, soit de présenter les informations nécessaires à la compréhension de la pièce ? Répondez aux sous-questions suivantes :

a) Quels sont les personnages en présence ?

b) Comment peut-on définir la relation qui existe entre eux ?

c) Le spectateur a-t-il une idée de l'élément perturbateur, de ce qui va occasionner des conflits dans la pièce ?

d) Certains indices semblent-ils préparer le dénouement ?

e) Est-il possible de cerner les thèmes dominants qui vont orienter l'intrigue ?

.... **Questions d'analyse** ....

❸ Quel souvenir Hippolyte garde-t-il de ses origines et de sa mère amazone ? Quelles expressions utilise-t-il pour expliquer la personnalité qu'il a construite ?

❹ Le mot « amour » n'est prononcé qu'au dernier vers. Comment Hippolyte y fait-il référence de manière détournée dans les vers qui précèdent ? Relevez les termes indirects et les images qui renvoient à l'amour.

❺ Vocabulaire et connotations : Hippolyte valorise beaucoup certains pans de la vie de son père et éprouve du mépris pour d'autres aspects. Identifiez les expressions péjoratives reliées aux conquêtes amoureuses, et les images positives reliées à ses victoires héroïques.

❻ Comment le jeune homme se juge-t-il comparable ou non à son illustre père ? En quoi souhaite-t-il lui ressembler ?

❼ Pouvez-vous diviser la tirade en trois ou quatre parties en repérant les modifications apportées par Hippolyte à son discours ? Vous serez attentifs entre autres aux éléments suivants : le changement de sujet (de la mère au père), le changement de connotation (de l'héroïque aux faits moins glorieux), l'apparition d'un lexique lié à la loi du père, etc.

.... **Vers la rédaction** ....

❽ Suivez les étapes proposées dans le but de rédiger une introduction qui conviendrait au sujet suivant :

« Analysez la représentation du thème de l'amour dans l'extrait. » Appuyez-vous sur vos réponses aux questions précédentes et notamment celles qui concernent le style et le lexique.

a) Parmi les formulations suivantes, choisissez la formulation qui pourrait le mieux convenir comme « sujet amené » :

    a. Louis XIV est un roi qui finance les artistes glorifiant son règne, et c'est pour lui plaire que Jean Racine compose la tragédie *Phèdre*.

b. Deux courants littéraires se font concurrence au XVIIe siècle, soit le baroque et le classicisme. Le classicisme finit par supplanter le baroque comme l'illustre la pièce *Phèdre* de Jean Racine.

c. Au XVIIe siècle, le peuple aime aller au théâtre, même pour voir des tragédies où les personnages appartiennent à la noblesse ou à des familles légendaires.

d. La comédie est le genre théâtral le plus populaire au XVIIe siècle, mais Jean Racine s'en tient à la tragédie qu'il considère comme une forme plus élevée et plus à même de plaire à la cour, comme la tragédie *Phèdre*.

b) Laquelle des phrases suivantes vous semble le mieux reformuler le sujet d'analyse ?

a. Dans mon texte, je veux vous convaincre qu'Hippolyte est un aussi bon guerrier que son père Thésée.

b. La présente analyse littéraire se penchera sur la scène 1 de l'acte I de la tragédie *Phèdre* de Jean Racine.

c. Ce texte étudiera le thème de l'amour et de son interdiction par Thésée dans le cadre de la première scène de la pièce.

c) Rédigez votre introduction en utilisant vos réponses précédentes de façon pertinente et en complétant le tout pour qu'on y retrouve les articulations suivantes, soit le « sujet amené », le « sujet posé » (accompagné d'une courte présentation de la pièce et de la situation de l'extrait) et le « sujet divisé ».

❾ Sujet de dissertation : le rôle du confident et la fonction informative de l'exposition. Montrez que l'exposition tout comme l'échange entre le héros et le confident servent en fait à instruire le spectateur. Suivez la démarche ci-dessous pour chacun des paragraphes :

a) Formulez en ouverture la phrase-clé qui présente l'idée principale du paragraphe.

b) Présentez deux ou trois idées secondaires.

c) Illustrez ces idées par des citations ou des exemples.

d) Fermez le paragraphe par une phrase de clôture ou une phrase de transition, au choix.

⑩ Retenez un des deux sujets (questions 8 et 9) pour rédiger une dissertation complète.

⑪ Au moment de la révision, prévoyez des étapes successives :

   a) une première révision qui concerne le sens ;

   b) une deuxième révision orthographique et grammaticale ;

   c) et si possible, une dernière révision qui procède de la fin du texte en remontant vers le début.

Racine, Phèdre, acte I, scène 3 : l'exposition (suite)

Extrait, pages 57 et 58, vers 246 à 316

❶ Situez l'extrait en procédant de la façon suivante :
   a) résumez ce que le spectateur apprend de l'intrigue et des personnages par la scène qui précède l'extrait ;
   b) résumez l'extrait lui-même et l'intérêt de ce passage dans la compréhension de la pièce ;
   c) résumez ce que le spectateur apprend de nouveau dans la suite de l'acte.

❷ Le premier acte – et en particulier cette scène – répond-il à la fonction qui lui est normalement attribuée, soit de présenter les informations nécessaires à la compréhension de la pièce ? Répondez aux sous-questions suivantes :
   a) Quels sont les personnages en présence ?
   b) Comment peut-on définir la relation qui existe entre eux ?
   c) Le spectateur a-t-il une idée de l'élément perturbateur, de ce qui va occasionner des conflits dans la pièce ?
   d) Certains indices semblent-ils préparer le dénouement ?
   e) Est-il possible de cerner les thèmes dominants qui vont orienter l'intrigue ?

❸ Phèdre voulait-elle déclarer son amour ? Comment se manifestent ses réticences ? Quel effet produit la stichomythie* (v. 246-265) ?

.... **Questions d'analyse** ....

❹ Identifiez les étapes du récit de Phèdre en vous appuyant sur les temps verbaux et les indications de temps. Quelle est la fonction de l'évocation du passé dans cette scène ?

❺ Par quels termes Phèdre désigne-t-elle l'amour des vers 271 à 306 ? Quels champs lexicaux reconnaissez-vous ? Qu'en concluez-vous ? Quels sont les effets physiques et mentaux de la passion ?

❻ Quels dieux et personnages de la mythologie Phèdre évoque-t-elle ? Pourquoi ? Quels sentiments exprime-t-elle vis-à-vis de Vénus et du Soleil ? Justifiez votre réponse.

* : Cf. Glossaire

❼ Par quels moyens Phèdre a-t-elle lutté contre sa passion (v. 246-316)? Pourquoi a-t-elle échoué?

❽ Observez le recours à divers procédés stylistiques, comme l'hyperbole*, la périphrase*, l'oxymore*. En quoi ces procédés contribuent-ils à grandir l'image de Vénus ou d'Hippolyte? Pourquoi Phèdre les présente-t-elle ainsi?

.... **Vers la rédaction** ....

❾ Organisez les informations recueillies afin de rédiger une analyse littéraire suivie, portant sur le traitement du thème de la fatalité dans la tirade de la scène 3 de l'acte I. Votre développement comptera trois parties, chacune portant sur une des étapes du récit de Phèdre.

❿ Dressez un tableau pour résumer les données que vous avez recueillies. Relevez des sous-thèmes pour chaque partie et les champs lexicaux qui les illustrent, en étudiant aussi le réseau des connotations, puis de un à trois procédés d'écriture pertinents et leur contribution à la signification du texte.

Exemple:

Parties et sous-thèmes	Lexique	Procédés
Apparition de la maladie d'amour	**Troubles physiques** «mon mal», «un trouble», «âme éperdue», «ne voyaient plus», «ne pouvais parler», «tout mon corps», «transir et brûler»	«Je le vis, je rougis, je pâlis à sa vue» (gradation v. 273)

⓫ Utilisez ce tableau synthèse pour organiser le plan du développement de l'analyse. Il reste à mettre en phrases les éléments et à les lier logiquement entre eux.

⓬ Sujet de dissertation explicative: l'aveu de Phèdre à Œnone apparaît comme parallèle à celui d'Hippolyte à Théramène, mais décalé dans le temps et plus grave. Démontrez les similitudes qui existent entre les deux scènes.

*: *Cf.* Glossaire

Questionnaire sur le texte de Racine

❶ Avec quelle intention Phèdre aborde-t-elle Hippolyte ? Par quelles étapes et quels détours passe-t-elle progressivement pour avouer son amour ? Vous relèverez notamment tous les propos à double sens de Phèdre.

❷ Quelles attitudes successives adopte Phèdre vis-à-vis d'Hippolyte au cours de la scène ? Vous observerez ses apostrophes à Hippolyte et les pronoms personnels qu'elle utilise.

❸ Quel est l'état d'esprit d'Hippolyte quand il entre en scène ? En quoi ses intentions sont-elles opposées à celles de Phèdre ?

❹ Quel est le rôle des interprétations d'Hippolyte dans la progression de la scène ? À quel moment les propos de Phèdre deviennent-ils clairs, selon vous, pour le jeune homme ?

❺ Étudiez l'évolution de la scène en répondant aux questions suivantes :

a) Dans la première tirade de la scène : par quels procédés Phèdre passe-t-elle progressivement de Thésée à Hippolyte, d'Ariane à elle-même ? Observez notamment les pronoms et les déterminants.

b) Toujours dans la première tirade : comment le récit de la descente au labyrinthe devient-il fantasme et déclaration d'amour ?

c) Quel changement de ton observez-vous dans l'amorce de la deuxième tirade ?

❻ La montée de la fureur (en français classique, fureur signifie « folie violente ») : quels en sont les étapes et le point culminant ? Relevez les marques stylistiques de la violence dans cette tirade (vocabulaire, temps et modes verbaux, procédés de répétition et d'amplification).

Lectures croisées

❼ Relevez les champs lexicaux de l'amour et de la haine. Quelles conclusions peut-on en tirer sur la passion amoureuse de Phèdre ?

❽ Quels sont les appels successifs de Phèdre à Hippolyte et quel est leur but ? En quoi Phèdre provoque-t-elle ici la compassion du spectateur ?

❾ En quoi cet aveu est-il aussi un plaidoyer ? De quoi Phèdre veut-elle convaincre Hippolyte, et par lui, les spectateurs ? Relevez les arguments qu'énonce la reine pour se justifier, et ceux qui réfutent à l'avance les arguments d'Hippolyte.

Ximena Escalante, *Phèdre et autres labyrinthes*, traduction de Geneviève Billette

La dramaturge mexicaine Ximena Escalante est née en 1964 à Mexico. Elle étudie la mise en scène puis l'écriture dramatique à Mexico, puis à Madrid. Elle est l'auteure d'une dizaine de pièces publiées qui s'inspirent notamment de grandes figures culturelles du XXe siècle comme Cary Grant, Colette ou Pirandello. Elle mène également une carrière de critique de théâtre et d'enseignante en dramaturgie.

La pièce *Phèdre et autres labyrinthes* (*Fedra y otras Griegas*, 2002) se veut à la fois une incursion dans l'imaginaire féminin et une exploration des segments moins connus de la vie des sœurs mythiques Ariane et Phèdre, de l'enfance à l'âge adulte.

HIPPOLYTE — ... C'est aussi absurde que d'être amoureux.

PHÈDRE — Quoi ?

HIPPOLYTE — Oui, être amoureux, c'est chercher de quoi s'occuper pour n'avoir rien d'autre à faire. Tu ne t'es pas rendu compte à quel point les amoureux sont doués pour perdre leur temps ?

PHÈDRE — ...

HIPPOLYTE — C'est une faiblesse.

PHÈDRE — ...

HIPPOLYTE — Les faibles perdent.

PHÈDRE — ...

Phèdre

HIPPOLYTE — Les perdants me font pitié.

PHÈDRE — …

Hippolyte — Je n'aime pas être faible. Je n'aime pas faire pitié.

PHÈDRE — …

HIPPOLYTE — C'est pour ça que je n'aime pas les femmes, parce qu'il faut tomber amoureux d'elles, être faible et faire pitié.

PHÈDRE — …

HIPPOLYTE — J'aime le sport.

PHÈDRE — …

HIPPOLYTE — J'aime le sport parce que ça fait me sentir fort, utile, sain, Ça me garde la tête occupée, sans temps ni espace pour les choses absurdes.

PHÈDRE — …

HIPPOLYTE — Tu me comprends ?

PHÈDRE — … Moi ?…

HIPPOLYTE — Tu ne me comprends pas ?

PHÈDRE — … Oui… Oui…

HIPPOLYTE — C'est vraiment bien que tu me comprennes.

Ximena Escalante, traduction de Geneviève Billette, *Phèdre et autres labyrinthes,
Pièce en trois parties et une parenthèse,* École nationale de théâtre.
© Geneviève Billette et Ximena Escalante 2003.

Lectures croisées

Questionnaire sur le texte de Ximena Escalante

❶ Le texte d'Escalante prend le contrepied de celui de Racine, puisque les personnages se distinguent par leur laconisme. Comparez les deux extraits en notant par quels aspects ils sont semblables (le schéma dramatique et les personnages notamment), mais surtout, en quoi ils s'opposent (caractère des personnages, relation entre les deux, style, etc.).

❷ Observez les répliques d'Hippolyte et son recours incessant à l'impératif, à la deuxième personne ou aux phrases interrogatives.

Parle-t-il de lui? Montrez que le ton qu'il emploie signale son malaise et sa volonté d'agir sur Phèdre.

❸ Comment le style du dialogue choisi ici permet-il au lecteur, malgré son laconisme, de visualiser le rapport entre Phèdre et Hippolyte et les gestes posés entre les deux personnages?

❹ Ce texte a été composé récemment: quels indices permettent au lecteur de le déduire au moment de la lecture?

❺ Quel style préférez-vous? Justifiez votre réponse.

Sarah Kane, *L'Amour de Phèdre*

Sarah Kane, dramaturge britannique (1971-1999), a connu une carrière brève mais fulgurante, comme actrice, metteur en scène et surtout comme dramaturge. Remarquée dès ses tout premiers textes (*Blasted* [1995], notamment), elle fait scandale à cause de son écriture directe, crue et violente. Influencée par Samuel Beckett ainsi que par la mouvance existentialiste, elle cherche dans ses pièces à déconstruire le récit et l'intrigue pour en arriver à la parole dans sa plus grande nudité. Son œuvre regroupe cinq pièces de théâtre, traduites dans de nombreuses langues. Affligée de dépression grave durant la plus grande partie de sa vie, elle s'est suicidée dans sa chambre d'hôpital à l'âge de 28 ans.

La pièce *L'Amour de Phèdre* (*Phaedra's Love*, 1996) a été écrite pour répondre à une commande d'un théâtre londonien. Kane s'est inspirée non seulement de la tragédie de Jean Racine, mais aussi du Grec Sénèque. Elle surnommait cette pièce sa « comédie ».

> HIPPOLYTE *regarde la télévision, le son réglé très bas. Il joue avec une voiture télécommandée. Qui file comme une flèche à travers la chambre. Son regard papillonne de la voiture à la télévision, ne tirant apparemment plaisir ni de l'une ni de l'autre. Il mange des bonbons assortis qu'il pioche dans un grand sachet posé sur ses genoux. Entre PHÈDRE, des paquets-cadeaux plein les bras. Elle reste là quelques instants à l'observer. Il ne la regarde pas. PHÈDRE pénètre plus avant dans la chambre. Elle pose les cadeaux par terre et commence à ranger la chambre — elle ramasse chaussettes et sous-vêtements et cherche un endroit où les mettre. Faute d'en trouver, elle repose le tout sur le sol en une pile bien nette. Elle ramasse les paquets vides de chips et de bonbons et les met dans la poubelle. HIPPOLYTE regarde la télévision tout du long. PHÈDRE va allumer une lumière plus franche.*

HIPPOLYTE — C'était quand la dernière fois que vous avez baisé ?

PHÈDRE — Ce n'est pas le genre de question qu'on devrait poser à sa belle-mère.

HIPPOLYTE — Pas Thésée, donc. Ne vous figurez pas qu'il se la garde au sec de son côté.

PHÈDRE — J'aimerais autant que tu l'appelles père.

HIPPOLYTE — Tout le monde court après la queue d'un roi, je suis bien placé pour le savoir.

PHÈDRE — Qu'est-ce que tu regardes ?

HIPPOLYTE — Ou le con d'une reine, selon ses préférences.

PHÈDRE ne bronche pas.

Les infos. Encore un viol. Gamin assassiné. Guerre quelque part. Quelques milliers de boulots liquidés. Mais rien de tout ça n'a d'importance vu que c'est aujourd'hui l'anniversaire du prince héritier.

PHÈDRE — Pourquoi tu ne te rebelles pas comme tout le monde ?

HIPPOLYTE — Ça ne m'intéresse pas.

Silence.

HIPPOLYTE joue avec sa voiture.

C'est pour moi ça ? Putain bien sûr que c'est pour moi.

PHÈDRE — Les gens sont venus les déposer devant la grille. Je crois qu'ils auraient aimé te les donner en personne. Prendre des photos.

HIPPOLYTE — Ils sont pauvres.

PHÈDRE — Oui, n'est-ce pas charmant ?

HIPPOLYTE — C'est révoltant. *Il ouvre un cadeau.* Qu'est-ce que je vais foutre d'une bagatelle ? C'est quoi ça ? *Il secoue un cadeau.* Lettre piégée. Bazardez cette camelote, donnez-la aux bonnes œuvres, je n'en ai pas besoin.

PHÈDRE — C'est un gage de leur estime.

HIPPOLYTE — En baisse depuis l'an dernier.

PHÈDRE — Tu as passé un bon anniversaire ?

HIPPOLYTE — À part qu'un petit con a éraflé ma caisse.

PHÈDRE — Tu ne conduis pas.

HIPPOLYTE — Bien empêché, on me l'a éraflée. Gage de leur mépris.

Silence.

HIPPOLYTE joue avec sa voiture.

PHÈDRE — Qui t'a donné ça ?

HIPPOLYTE — Moi. Seul moyen d'être sûr d'obtenir ce que je désire. Fait le paquet moi-même et tout.

Silence en dehors de la télé et de la voiture.

PHÈDRE — Et toi ?

HIPPOLYTE — Quoi moi ? Vous voulez un bonbon ?

PHÈDRE — Je —
Non. Merci.
La dernière fois que tu as —
Ce que tu m'as demandé.

HIPPOLYTE — Baisé.

PHÈDRE — Oui.

HIPPOLYTE — Sais pas. Dernière fois que je suis sorti. Quand c'était ?

PHÈDRE — Des mois de cela.

HIPPOLYTE — Vraiment ? Non. Quelqu'un est passé. Une grosse pouffe. Qui sentait bizarre. Et je me suis tapé un mec dans le jardin.

PHÈDRE — Un mec ?

HIPPOLYTE — Je crois. Ça y ressemblait mais allez savoir.

Silence.

Ça y est vous me détestez ?

PHÈDRE — Bien sûr que non.

Silence.

HIPPOLYTE — Alors, il est où mon cadeau ?

PHÈDRE — Je le garde en réserve.

HIPPOLYTE — Quoi, pour l'année prochaine ?

PHÈDRE — Non. Je te le donnerai plus tard.

HIPPOLYTE — Quand ?

PHÈDRE — Bientôt.

HIPPOLYTE — Pourquoi pas tout de suite ?

PHÈDRE — Bientôt. Promis. Bientôt.

Sarah Kane, traduction de Séverine Magois, *L'Amour de Phèdre*.
© L'Arche Éditeur Paris 1999.

Questionnaire sur le texte de Sarah Kane

❶ Analysez la didascalie* qui ouvre la scène. En quoi est-elle surprenante dans un contexte de royauté ? Faites néanmoins un lien avec la vision contemporaine des familles royales telles qu'elle nous parvient par les médias (Internet, tabloïds et journaux à potins, émissions à caractère *people*, etc.). Réfléchissez également au lien avec le texte de Racine où, à l'opposé, la tragédie en entier ne compte qu'une seule didascalie (v. 158) et l'essentiel du texte est contenu dans les répliques des personnages.

❷ À quel registre de langue appartient le vocabulaire utilisé par les deux personnages : populaire, familier, ou recherché et littéraire ? Prouvez-le en relevant des mots qui illustrent ce choix. Quelle intention de l'auteure ce choix lexical révèle-t-il ?

❸ Le texte de Kane est des plus prosaïques, voire des plus grossiers. Pourtant, l'échange entre les deux personnages se situe au moment du paroxysme* de la passion amoureuse dans l'intrigue : celui de l'aveu. Quel but l'auteure vise-t-elle par ce contraste ?

❹ Ce texte a été composé récemment : quels indices permettent au lecteur de déduire, au moment de la lecture, que ce texte est contemporain ?

❺ Comparez cet extrait avec le précédent : observez notamment les caractéristiques des personnages, la relation établie entre eux, le ton employé dans les répliques.

Lectures croisées

* : *Cf.* Glossaire

.... **Vers la rédaction – Analyse croisée** ....

❶ Quelle vision du couple et de la famille se dégage de chacun des extraits ? Les relations entre les personnages reproduisent-elles le type de relation qu'on retrouve dans le *Phèdre* de Racine ? En quoi ces extraits reflètent-ils le monde actuel : la vie de famille, les valeurs, les relations entre les gens, etc.

❷ Portez votre regard sur la mise en scène de la royauté ou de personnages appartenant à l'élite : les extraits contemporains respectent-ils la bienséance ou la vraisemblance chère aux classiques ? À votre avis, pourquoi en est-il ainsi ?

❸ Les deux dramaturges ont orienté la conception du personnage d'Hippolyte dans le sens de la caricature. Démontrez-le tout en tentant d'expliquer les intentions des auteures. En quoi ce processus contribue-t-il à changer, par le fait même, la perception que le spectateur peut se faire de Phèdre ?

Sujet de dissertation : À partir de la même intrigue – l'amour adultère et incestueux ressenti par une femme pour le fils de son mari – les trois pièces de théâtre développent des univers très distincts les uns des autres. Démontrez en quoi, malgré un schéma dramatique commun, chaque œuvre est ancrée dans l'époque de sa création : la France du XVIIe siècle pour Racine, l'Europe de la fin du XXe siècle pour Kane et Escalante.

Racine, Phèdre, acte IV, scène 2 : catastrophe et affrontement

Extrait, pages 99 à 104, vers 1035 à 1156

❶ Situez l'extrait en procédant de la façon suivante :

a) résumez ce que le spectateur apprend de l'intrigue et des personnages par la scène qui précède l'extrait ;

b) résumez l'extrait lui-même et l'intérêt de ce passage dans la compréhension de la pièce ;

c) résumez ce que le spectateur apprend de nouveau dans la suite de l'acte.

❷ En quoi le spectateur en sait-il plus que chacun des personnages, au début de la scène, sur la situation, l'état d'esprit et les intentions de chacun des protagonistes ?

❸ Par quel indice Thésée s'est-il laissé convaincre de la culpabilité d'Hippolyte ? Cet indice est-il fiable ? Quels éléments ont ajouté à la méprise ?

❹ Quelles sont les trois étapes du déroulement de la scène ? Y a-t-il progression d'une étape à l'autre et à quel point de vue ?

.... **Questions d'analyse** ....

❺ Cernez les passages où la colère de Thésée se déchaîne. En quoi apparaît-il alors comme un héros ? Quels procédés contribuent à produire cet effet ? Quel sens prend le mot « monstre » dans la bouche de Thésée quand on connaît sa carrière héroïque ? En quoi consiste, selon lui, la monstruosité d'Hippolyte ? Où réside ici l'ironie tragique ?

❻ Analysez comment s'exprime la colère de Thésée dans son vocabulaire et la connotation de même que dans les procédés syntaxiques (mode verbal, répétitions, types de phrases, etc.). En quoi apparaît-il comme un héros à travers sa colère ?

❼ Analysez l'évolution de la réponse d'Hippolyte. En quoi peut-on parler de «plaidoyer» dans les vers 1087-1113? Quels arguments a-t-il volontairement écartés? Que peut-on en déduire dans l'explication de son comportement à l'égard de son père?

❽ Pourquoi sa défense ne convainc-t-elle pas Thésée? Pourquoi l'affrontement est-il inégal?

❾ Quelle représentation des Dieux apparaît dans cet extrait, de même que dans la pièce en entier? De qui sont-ils les alliés?

.... **Vers la rédaction** ....

❿ Sujet de dissertation: La tragédie racinienne repose sur l'incapacité des personnages à interpréter convenablement les signes. Montrez que les deux êtres en présence souffrent de cette incapacité à décoder le vrai du faux.

⓫ Autre sujet de dissertation: En quoi cette scène illustre-t-elle le thème de l'autorité paternelle? Analysez la confrontation entre Thésée et son fils en regard des notions de pouvoir et de soumission, et aussi en lien avec un contexte où le père est également le roi et maître absolu de la vie et de la mort.

Racine, Phèdre, acte V, scène 6 : dénouement et récit pathétique*
Dernier extrait, pages 123 à 126, vers 1498 à 1570

❶ Situez l'extrait en répondant aux questions suivantes :

   a) Quels sont les personnages en présence ? Qui parle et à qui s'adresse-t-il ?

   b) L'événement dont il est question ici s'est-il déroulé il y a longtemps ? Comment peut-on s'en assurer dans le texte ?

   c) Pourquoi et avec quelle intention Hippolyte est-il parti ? Que s'est-il passé sur scène depuis son départ ? Qu'est-ce qui laissait prévoir la catastrophe ?

❷ Procédez au découpage de l'extrait en parties, en observant les éléments thématiques mais aussi les retournements de situation.

❸ Observez le recours à certains détails : le paysage, les chevaux, et aussi l'usage des sonorités dans le récit. Notez la présence des personnifications et d'autres figures d'amplification comme la gradation.

❹ Trouvez les références faites par le narrateur (Théramène) à son destinataire principal (Thésée) : les pronoms, les interjections, les adresses directes. Évaluez l'efficacité de cette stratégie sur le personnage de Thésée, notamment par rapport à ses remords de père.

❺ Par quel moyen merveilleux Hippolyte trouve-t-il la mort ? En quoi le recours au merveilleux est-il plus crédible au XVIIᵉ siècle qu'actuellement ? Selon vous, qui est le véritable « monstre » dans la tragédie : la créature de Neptune ou les personnages aux intentions inavouables et horribles ?

❻ Hippolyte perd-il le combat contre le monstre ? Quelle est la cause directe de sa mort, et comment peut-on l'interpréter ?

❼ Pourquoi la mort d'Hippolyte est-elle racontée et non montrée sur scène ?

*: Cf. Glossaire

.... **Vers la rédaction** ....

❽ Sujet d'analyse: Montrez que dans la mort, Hippolyte est présenté comme un héros épique par le recours au registre* du pathétique et des références à l'épopée, dans la première moitié de l'extrait (v. 1498-1534).

❾ Sujet de dissertation explicative: Montrez que, par sa mort, Hippolyte se venge en quelque sorte de son père.

L'étude de l'œuvre dans une démarche plus globale

La démarche proposée ici peut précéder ou suivre l'analyse par extrait. Elle entraîne une connaissance plus synthétique de l'œuvre, elle met l'accent sur la compréhension du récit complet. Les deux démarches peuvent être exclusives ou complémentaires.

Pour chacun des cinq actes de la pièce, suivez la démarche ci-dessous qui tient compte des composantes du texte dramatique, soit:

   a) l'intrigue;

   b) les personnages;

   c) la thématique;

   d) l'organisation, le style et la tonalité de la pièce.

Intrigue

❶ Faites le résumé de chacun des actes de la pièce à l'aide des questions suivantes:

   a) **Qui?** Quels sont les personnages présents?

* : *Cf.* Glossaire

b) **Quoi ?** Qu'apprend-on sur eux ? Que font-ils ? Quel est l'état de leurs relations ?

c) **Quand** et **où ?** Quelle est la situation exposée et dans quel contexte ?

d) **Comment ?** Quelles relations s'établissent entre les personnages ?

e) **Pourquoi ?** Quel est l'objet de leur quête ? Quels moyens prennent-ils pour atteindre ce but ?

Personnages

Les personnages principaux

❶ Au fil de la pièce, comment évoluent les personnages principaux, soit Phèdre, Hippolyte et Thésée ? Quel portrait peut-on en faire ?

Pour répondre à ces questions, suivez la démarche ci-dessous :

a) Déduisez la description des protagonistes par rapport aux aspects suivants (au besoin, formuler une hypothèse) :

   a. physique ;

   b. psychologique ;

   c. leur place dans la mythologie grecque et les valeurs qu'on leur associe généralement ; les dieux auxquels ils sont associés ou confrontés ;

   d. leur relation avec leur confident.

b) Tenez compte, dans chaque acte, sinon dans chaque scène, des questions suivantes :

   a. Que pense chacun d'eux ?

   b. Que disent-ils ?

   c. Que font-ils ?

   d. Comment se comportent-ils avec les autres personnages ? Où se situent-ils l'un par rapport à l'autre et dans leurs liens avec.les autres personnages (donc tout ce qui concerne l'aspect dynamique de leurs relations)?

e. Comment évoluent-ils d'un acte à l'autre? Qu'apprend-on de nouveau en général sur eux?

❷ Dans la conception du personnage, quel semble être l'effet visé sur le lecteur? Voici des sous-questions pour préciser votre réponse:

a) Selon vous, quel âge ont les personnages? Quel est l'effet produit si l'écart d'âge entre Hippolyte et Phèdre est de 20 ans? Et quel est l'effet produit s'ils sont proches en âge, si Phèdre est beaucoup plus jeune que Thésée?

Justifiez vos réponses.

b) Comment ces caractéristiques contribuent-elles à la fonction de la tragédie, soit de faire naître la pitié et l'horreur par rapport aux personnages?

❸ Selon vous, Aricie peut-elle être considérée comme un personnage principal ou un personnage secondaire? Développez les deux réponses possibles à cette question.

Les personnages secondaires

❶ Classez les confidents par ordre croissant d'importance dans l'intrigue, et expliquez votre réponse:

• Théramène;

• Ismène;

• Œnone.

❷ Pourquoi, selon vous, Thésée n'a-t-il pas de confident? Quel serait l'impact sur le lecteur s'il en avait un?

❸ Quelle est l'utilité dramaturgique d'un personnage comme Panope?

❹ Les confidents adoptent un registre de langue similaire à celui de leurs maîtres. Cela vous paraît-il vraisemblable? Cela s'explique-t-il par le fonctionnement de la société de l'époque?

L'ensemble du personnel dramatique

❶ À quel(s) personnage(s) peut-on associer les effets suivants (plusieurs réponses sont possibles) :

    a) tonalité épique* ?

    b) tonalité lyrique ?

    c) tonalité tragique ?

    d) tonalité comique ?

❷ Peut-on imaginer une pièce centrée sur le drame d'Œnone et sur son suicide ? Pourquoi cela serait-il inconcevable à l'époque de Racine ?

Thématique

❶ Parmi les éléments suivants, dégagez les réseaux thématiques qui semblent prédominer dans chacun des actes de la pièce :

    a) pouvoir et stratégie ;

    b) amour et désir ;

    c) faute, péché et interdit ;

    d) famille, noblesse, sens de l'honneur ;

    e) fatalité, soumission et révolte.

Justifiez votre réponse.

Organisation de la pièce, style et tonalité

❶ Le premier acte correspond-il aux caractéristiques suivantes de l'exposition ?

    a) Fournir des indices sur la condition sociale des personnages et les relations entre eux.

b) Situer le lieu, l'époque.

c) Donner des indices sur la nature de l'intrigue.

d) Appréhender la suite des événements.

Expliquez votre réponse.

❷ Où peut-on situer le nœud de l'intrigue ? Justifiez votre choix.

❸ Montrez que la péripétie principale tourne autour des rumeurs et des spéculations concernant Thésée : s'il est mort, qu'advient-il du pouvoir ? Quel interdit est alors levé ? Pourquoi sa mort prétendue amène-t-elle Phèdre à parler ? Autrement, se serait-elle tue à jamais ?

❹ Par rapport au dénouement :

   a) Peut-on dire qu'il dénoue les fils de l'intrigue ?

   b) Crée-t-il un effet de surprise ou était-il attendu ?

   c) Montrez que, même si Thésée est le seul protagoniste à être gardé en vie, son sentiment de culpabilité lui sera un lourd châtiment.

   d) La mort d'Hippolyte aux mains d'un monstre marin fait-elle de Neptune un *deus ex machina** ?

❺ Montrez que, malgré l'appartenance affichée de la pièce de Racine à l'esthétique classique, on y retrouve également certains aspects pouvant relever du baroque.

* : Cf. Glossaire

Sujets d'analyse et de dissertation

❶ Plusieurs écrivains et critiques, Paul Valéry par exemple, ont vu dans la tragédie de *Phèdre* « un long monologue lyrique ». *Phèdre* est-elle donc une tragédie sans action ?

❷ Racine a écrit dans sa préface : « Je n'ai point fait [de tragédie] où la vertu soit plus mise en lumière que dans celle-ci. » Selon vous, la morale triomphe-t-elle véritablement dans *Phèdre* ?

❸ Le discours judiciaire se retrouve à divers endroits dans *Phèdre* ; cernez les passages qui correspondent le mieux aux divers registres de l'argumentation : plaidoirie, réquisitoire, accusation, interrogatoire. Comparez l'efficacité des différents plaidoyers dans la pièce.

❹ Quelle vision de la famille se dégage de la tragédie de Racine ?

❺ Trois personnages de femme sont au cœur de la pièce : une toute jeune femme (Aricie), une femme plus mûre (Phèdre) et une femme âgée (Œnone). Relevez les traits caractéristiques de la condition féminine qui se retrouvent dans l'œuvre.

❻ « J'ai souvent pensé que les histoires racontées par Racine sont des histoires que l'on retrouve dans le courrier du cœur ; des histoires qui inspirent généralement la goguenardise : les amours des princes et des gens célèbres. Ce qui est intéressant, ce n'est pas l'histoire, mais comment on dit l'histoire. » (Antoine Vitez)

Glossaire

Pour étudier le théâtre : lexique de base et autres termes

Allégorie : description ou récit exprimant une idée générale ou abstraite par le biais de métaphores.

Atavisme : forme d'hérédité par laquelle un individu hérite de caractères psychologiques, de comportements ancestraux.

Baroque : du portugais *barroco*, «perle irrégulière». Mouvement littéraire et artistique européen, apparu au XVIe siècle en Italie, à son apogée au XVIIe siècle, et caractérisé par la liberté des formes, le goût pour le mouvement, l'apparence et la profusion des ornements.

Bienséance : usages à respecter, dans une pièce classique, pour ne pas heurter les goûts et les préjugés du public, en évitant paroles, situations et idées qui peuvent choquer.

Catharsis : l'un des buts de la tragédie, la catharsis ou «purgation des passions» se produit lorsque le spectateur s'identifie au personnage tragique et à son mal pour évacuer ses propres pulsions.

Champ lexical : ensemble de termes (de classes grammaticales différentes) se rapportant à la même idée ou notion.

Confident : personnage secondaire dont l'utilité dramatique se résume à dialoguer avec le héros et à en recevoir les confidences.

Dénouement : moment final de l'action théâtrale, celui où les conflits se résolvent. Le dénouement, synonyme de «fin», constitue un retour à l'ordre initial ou à un nouvel ordre des choses.

Destinataire : dans le processus de la communication, récepteur d'un message. Au théâtre, le destinataire est à la fois le ou les personnage(s) sur scène, mais aussi, à cause de la représentation, le public à qui est destiné toute réplique, même les monologues. C'est la raison pour laquelle on parle de «**double destinataire**» du texte théâtral.

Deus ex machina : divinité qui apparaissait au dernier acte et qui permettait, par un artifice de machinerie, le dénouement du drame.

Didascalies (ou indications scéniques) : éléments du texte théâtral qui ne sont pas prononcés par les acteurs : indications de jeux de scène ou de décor, de changement de scène ou de tour de parole.

Double énonciation : caractéristique du langage théâtral où les personnages dialoguent entre eux, mais où l'auteur s'adresse aux spectateurs à travers leurs paroles.

Énonciation (marque, situation d') : acte d'utilisation de la langue produisant dans une situation précise un énoncé qui en porte les marques (personne, temps, lieu).

Épique : se dit du registre caractéristique de l'épopée, poème narratif qui exalte les exploits d'une communauté.

Éponyme : qualifie le personnage qui donne son nom à l'œuvre, qui en est souvent le héros. Phèdre est le personnage éponyme de la pièce.

Glossaire

Exposition (scène d'): phase initiale de la pièce qui fournit les éléments nécessaires à la compréhension de la situation initiale.

Héros: personnage principal du texte. Peut aussi être appelé «protagoniste».

Hyperbole: figure d'exagération qui grandit excessivement la réalité en substituant au mot propre un mot beaucoup plus fort.

Jansénisme: mouvement religieux et intellectuel du XVIIe siècle s'inspirant de la doctrine de Jansénius sur la grâce et la prédestination.

Métaphore: figure de style qui établit une analogie entre deux éléments en les rapprochant sans terme de comparaison.

Nœud (de l'action): partie de la pièce où apparaissent les obstacles et les péripéties (ou événements imprévus) qui se répercutent sur l'ensemble de l'action. On dit que l'action se noue.

Oxymore (ou oxymoron): figure de style qui associe deux mots de sens opposés pour leur donner plus de force (ex.: un silence éloquent, une douce violence).

Paroxysme: le plus haut degré d'une sensation ou d'un sentiment.

Pastoral(e): dont les héros sont des bergers et des bergères; qui traite un sujet champêtre.

Pathétique: qui émeut, qui suscite une émotion intense.

Périphrase: figure de style qui consiste à évoquer une réalité, non par le mot qui la désigne, mais par un groupe de mots qui la suggèrent.

Précieux: caractéristique d'un courant social et littéraire du début du XVIIe siècle, orienté vers le raffinement des mœurs et du langage.

Procédé (de style): moyen stylistique qui caractérise la manière d'écrire d'un auteur.

Protagoniste: personnage principal d'une pièce de théâtre ou, par extension, d'un récit.

Quiproquo: malentendu qui consiste à prendre un personnage pour un autre ou une chose pour une autre. Il peut engendrer des situations comiques ou tragiques.

Registre: tonalité d'un texte liée aux effets et émotions produits et à certains procédés d'écriture. On parle de registres tragique, comique, pathétique, épique, satirique.

Règle (des trois unités): principe d'unité d'une pièce classique se déclinant en trois règles: l'unité d'action (qui concentre l'action sur l'intrigue principale), l'unité de temps (qui resserre les faits dans les limites de 24 heures), l'unité de lieu (qui installe l'action dans un espace unique et polyvalent).

Rhétorique: art de persuader ou de convaincre grâce aux ressources du langage.

Situation initiale: première étape du schéma narratif d'un récit.

Stichomythie: dialogue au rythme rapide, où les personnages s'échangent de très courtes répliques – souvent tenant en bribes de phrases – et se coupent la parole. La stichomythie est l'indice d'un conflit mené à son point culminant.

Vraisemblance: qualité de ce qui peut sembler vrai pour la raison du spectateur, même quand cela ne l'est pas réellement.

Bibliographie, adaptation théâtrale, filmographie

Bibliographie

Éditions

– Racine, *Œuvres complètes*, par R. Picard, «Bibliothèque de La Pléiade», Gallimard, 1951-1952 (rééd. du premier tome par G. Forestier en 1999).

– Racine, *Théâtre complet*, édition de J.-P. Collinet, coll. «Folio», Gallimard, 1982-1983 (2 vol.).

– *Phèdre* de Jean Racine, suivi de *Phèdre* de Sénèque et d'*Hippolyte* d'Euripide, annoté par E. Martin, Presses Pocket, 1992.

Quelques ouvrages critiques sur Racine et son œuvre

– Jean-Louis Backès, *Racine*, Le Seuil, 1981.

– Roland Barthes, *Sur Racine*, Le Seuil, 1963.

– Christian Biet, *Racine ou la Passion des larmes*, Hachette, 1996.

– Georges Forestier, *Jean Racine*, Gallimard, 2006.

– Jacques Schérer, *Racine et/ou la Cérémonie*, PUF, 1982.

– Alain Viala, *Racine. La Stratégie du caméléon*, Seghers, 1990.

Pour mieux comprendre *Phèdre*

– Lionel Acher, *Jean Racine*, Phèdre, PUF, 1999.

– Jean-Louis Barrault, *Mise en scène de* Phèdre, Le Seuil, 1946 (rééd., coll. «Points», Le Seuil, 1972).

– Thierry Maulnier, *Lectures de* Phèdre, Gallimard, 1943 (rééd., 1985).

Pour mieux comprendre le XVIIᵉ siècle et le classicisme

– Corneille, *Le Cid*, 1636 (tragi-comédie).
– Molière, *L'École des femmes*, 1662 (comédie).
– Molière, *Le Tartuffe*, 1664 (comédie).
– Molière, *Dom Juan*, 1665 (comédie), Les Éditions CEC, 2008.
– La Fontaine, *Fables*, 1668.
– Mme de Lafayette, *La Princesse de Clèves*, 1678 (roman).
– La Bruyère, *Caractères*, 1688.
– Céline Thérien, *Anthologie de la littérature française, des origines au romantisme*, tome 1, 2ᵉ éd., Les Éditions CEC, 2006.

Adaptation théâtrale

– *Phèdre*, II, 5, par Sarah Bernhardt, accessible en CD dans *Dire et représenter la tragédie classique : théâtre aujourd'hui*, n° 2, CNDP, 1993.

Filmographie

– *Phaedra*, réalisé par Jules Dassin, avec Mélina Mercouri, Anthony Perkins et Raf Vallone, 1962 (version très libre située dans la Grèce des années 1960).
– *Phèdre*, mise en scène de Pierre Jourdan filmée en studio, avec Marie Bell, Claude Giraud et Jacques Dacqmine, 1968.

Dans la même collection

Tristan et Iseut

MOLIÈRE
  Dom Juan

VOLTAIRE
  Candide